내 삶의 귀인

옴니버스 인생 책쓰기 4편
50인의 인생을 바꾼 사람들

삶을 더욱 열정적이고
행복하게 살고 싶은 당신에게

이 책을 전합니다

내 삶의 귀인

초판 1쇄 발행 2025년 02월 03일

지은이_
우경하 이은미 조유나 박선희 김도경 이영찬 문정원 윤민영 최윤정 장예진
이연화 이혜원 양 선 김미옥 최현주 최민수 조현례 조성연 차경숙 박향숙
박해리 박명옥 한기수 김지영 서창균 문선화 이형은 김민주 한민정 육영애
박재민 김선화 윤준서 최민재 박소영 김경애 강다윤 신선주 데보라 김영란
양수목 오순덕 최초이 안재경 최민경 최윤진 장은주 김미례 이언주 김종호

펴낸이_ 김동명
펴낸곳_ 도서출판 창조와 지식
디자인_ 우경하 & (주)북모아
표지디자인_ 디자인플래닛
인쇄처_ (주)북모아

출판등록번호_ 제2018-000027호
주소_ 서울특별시 강북구 덕릉로 144
전화_ 1644-1814
팩스_ 02-2275-8577
ISBN_ 979-11-6003-850-7 (03190)
정가 18,000원

이 책은 저작권법에 따라 보호받는 저작물이므로
무단 전재와 무단 복제를 금지하며
이 책 내용을 이용하려면 반드시 저작권자와
도서출판 창조와 지식의 서면동의를 받아야 합니다.
잘못된 책은 구입처나 본사에서 바꾸어 드립니다.

50인 지은이 소개

우경하 이은미 조유나 박선희 김도경
이영찬 문정원 윤민영 최윤정 장예진
이연화 이혜원 양 선 김미옥 최현주
최민수 조현례 조성연 차경숙 박향숙
박해리 박명옥 한기수 김지영 서창균
문선화 이형은 김민주 한민정 육영애
박재민 김선화 윤준서 최민재 박소영
김경애 강다윤 신선주 데보라 김영란
양수목 오순덕 최초이 안재경 최민경
최윤진 장은주 김미례 이언주 김종호

내 삶의 귀인

1장. 지은이 소개

01. 우경하 : 나연구소 대표, 한국자서전협회장
02. 이은미 : 오색그림책방 대표, 한국미래평생교육원장
03. 조유나 : 유나리치, 한국개척영업컨설팅연구소 대표
04. 박선희 : 더원인재개발원 대표, (주)ESG경영연구원 이사
05. 김도경 : 교육행정직 공무원(30년차), 숙명여자대학교특수대학원 수료
06. 이영찬 : 주택연금 명예홍보대사, 연세대학교 기계공학과 졸업
07. 문원 : 금융회사 재직중, 숙명여자대학교 경영학부 졸업
08. 윤민영 : 자담인영힐링 대표, 온라인 오프라인 건강강의 코칭
09. 최윤정 : 윤정교육연구소 소장, 대전보건대학교 유아교육과 겸임교수
10. 장예진 : 애니어그램 상담 강사, 성폭력 상담 전문가

귀인

2장. 지은이 소개

11. 이연화 : 한국그림책작가협회 정회원, 한우리 독서지도사
12. 이혜원 : 자담인 푸른섬 매니저, 자담인 늘해랑 쇼핑몰 운영
13. 양 선 : 여여나무연구소 대표, 여여나무연구소 출판사 대표
14. 김미옥 : 사회복지법인 제주공생 희망나눔종합지원센터 센터장
15. 최현주 : 프리타라인 대표, 부산지역사회교육협의회 책임강사
16. 최민수 : 민싸이트 북스(MinSight Books) 대표 및 저자
17. 조현례 : 82세 조현례 할머니, 부산 진구 가야 2동 주민
18. 조성연 : 병영생활 전문 상담관, 의정부 가정법원 상담 위원
19. 차경숙 : 자담인 푸른섬점 대표, 자담인 푸른섬 쇼핑몰 운영
20. 박향숙 : 홍익 앙상블 단장, 국내외 미술작품전시회 다수

귀인

3장. 지은이 소개

21. 박해리 : 이음심포니커 대표
22. 박명옥 : 2004년 5월 중국연길에서 대한민국에 입국
23. 한기수 : 한국남성행복심리상담 대표, 여여나무연구소 국장
24. 김지영 : 유치원 교사 & 유아교육 석사
25. 서창균 : 전동, 소형엔진 기계 수리 기술자
26. 문선화 : 희망이룸 대표
27. 이형은 : 강남대 도서관학과 졸업, 북큐레이터, 독서지도사
28. 김민주 : 진여워터테라피 대표, 대한민국우수숙련기술자 선정
29. 한민정 : 쥬드발레하우스 무용학원 원장
30. 육영애 : 스마트폰활용지도사 1급, 디지털 문해강사

4장. 지은이 소개

31. 박재민 : 보험설계사
32. 김선화 : 영산대학교 겸임교수, 청소년지도사
33. 윤준서 : 수학학원 원장, 개념원리 검토위원, 아로마테라피스트
34. 최민재 : 초보 시니어 작가 대표
35. 박소영 : 자연을 담은 사람 자담인 비전점 가맹대표
36. 김경애 : 소상공인시장진흥공단 전문위원
37. 강다윤 : 보완대체의학 박사. 소루힐링대체요법센터 원장
38. 신선주 : 주주케어(아름다운 삶의 주인공 그리고 케어) 대표
39. 데보라 : For Me Skincare LA 원장, 친환경 K 뷰티 메니져
40. 김영란 : 토담토담 마음상담소 소장, 17년 차 미술 심리상담사

귀인

5장. 지은이 소개

41. 양수목 : 자담인 건강법 블로그, 유튜브 운영자
42. 오순덕 : 한글마루 창작소 공동대표, 한글만다라 개발자
43. 최초이 : 자연을 담은 사람 자담인 회복점 가맹대표
44. 안재경 : 유닛스튜디오 대표, 마벨꾸띠끄 대표, 프롬마벨 사내이사
45. 최민경 : 라이프 퍼포즈 디렉터, 하트나비라이프 창업
46. 최윤진 : 뷰티&헬스케어 사업가, 글로벌 플랫폼 사업가
47. 장은주 : 라이프코딩 (멘탈코칭/생애설계컨설팅) 대표
48. 김미례 : I COLOR 'n BRAIN 연구소 대표
49. 이언주 : 마벨꾸띠끄 대표원장, 비주얼크리에이터협회장
50. 김종호 : 웰다잉 전문강사, 사전연명의료의향서 상담사

프롤로그

　인생이란 때론 어두운 산길을 걷는 것과 같다. 돌에 걸려 넘어지기도 하고 길을 잘 못 들어 헤매기도 한다. 그럴 때 우리는 누군가의 손을 잡고 일어나고 다시 바른길을 찾아간다.
　이 책은 우리 인생에 성장과 깨달음을 준 귀인들에 대한 내용으로 50명이 함께 쓴 공동 저서다. 우리는 귀인들과의 만남과 인연을 통해 직업이 변했고, 큰 깨달음을 얻고, 힘들어 주저앉아 있을 때 일어설 수 있는 용기를 얻었다. 그들은 우리의 간절함이 끌어당긴 존재인 동시에 하늘이 준 선물이다.
　귀인들은 우리의 가족, 친구, 스승, 멘토였고 우리에게 사랑, 감사, 희망, 용기, 깨달음을 주는 존재다. 이젠 우리가 받은 것을 필요한 사람들에게 나누고 누군가의 인생을 바꾸어주는 귀인이 되고자 다짐하고 소망한다.
　이 프로젝트는 전자책, 공동 저서, 자서전을 전문으로 진행하는 나연구소의 [옴니버스 인생 책쓰기] 프로젝트 4편이다. 프로젝트는 매월 1권씩 출판, 총 기간 8년, 100편까지 출판을 목표로 한다.
　우리의 인생의 바꾼 귀인들의 이야기가 힘든 시기를 지나고 있는 분들에게 한 줄기 빛, 희망, 용기가 되길 희망하여 우리의 인생을 바꾼 귀인들의 이야기를 시작한다.
　'언제나 가장 큰 배움은 사람으로부터 온다.'

목 차

프롤로그　　/12

1장. 최고의 나로 살게 해준 사람　　/14
2장. 모든 사람이 귀인이었다　　/56
3장. 내가 보지 않았을 뿐이다　　/98
4장. 내 삶을 바꾼 귀인, '엄마'　　/140
5장. 홍익대장의 똥 이야기　　/182

에필로그　　/224

내 삶의 귀인

1장. 최고의 나로 살게 해준 사람

01. 우경하	02. 이은미
최고의 나로 살게 해준 사람	인생의 무게를 함께한 동반자

03. 조유나	04. 박선희
나는 왜 하는 일마다 잘되지?	간절함이 만든 인연

05. 김도경	06. 이영찬
도서관에서 시작된 공주 프로젝트	위대한 스승, 폴 J. 마이어

07. 문정원	08. 윤민영
나를 찾아가는 여정의 동반자	치유의 길을 열어준 생명의 등대, 최송철

09. 최윤정	10. 장예진
부모님의 뒷모습, 나를 일으킨 힘	정연패션 부사장님과 오수란 아주머니

no.1

우경하

❏ 소개
1. 나연구소 대표
2. 한국자서전협회장
3. 전자책, 공동저서. 자서전 출판 전문
4. 온라인 오프라인 450회 이상 강의 코칭
5. 전자책, 종이책 포함 170권 이상 출판
6. 누적 출판작가 570명 이상 배출
7. 닉네임: １００권작가

❏ 연락처
1. 네이버 검색: 우경하
2. 유튜브 검색: 나연구소

최고의 나로 살게
해준 사람

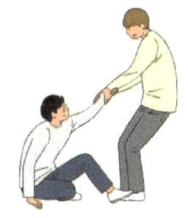

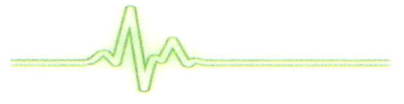

　나는 지금 1인 기업 사업가로 책 쓰기 코치와 강의, 전자책과 종이책 출판 관련 일을 5년째 하고 있다. 내가 좋아하고 잘하는 일을 하면서 세상 사람들이 원하는 일을 하고 있기에 참으로 만족스럽고 행복한 인생을 살고 있다.

　이 일을 하기 전에 나는 그저 평범하고 미래가 불안한 일반 직장인의 삶을 살고 있었다. 그러다 놀랍고 신비로운 한 귀인을 만나 인생이 바뀌었다. 그를 통해 내가 내 인생의 주인임을 알게 되었고 지금의 100권 작가가 탄생했다.

　그를 만난 건 2017년 어느 날이었다. 그때는 내 인생이 매우 힘든 시절이었다. 10년 동안 다닌 직장 생활에서 큰 회의를 느끼고 있었다. 내가 하는 일이 내가 진정으로 원하는 일이 아니라는 것을 깨달았다. 미래는 불안했고 나의 몇 년 뒤 모습이 될 회사 선배들의 모습이 행복해 보이지 않았다.

　내 마음 깊은 곳에서 내가 정말 원하는 일을 하면서 인생을 행복하게 살고 싶다는 외침의 소리가 계속 들렸다. 단 한 번뿐이라 소중한 내 인생을 이렇게 살기는 너무도 싫었다. 생각만 해도 가슴 뛰고 설레는 진짜 내 일을 찾아서 온몸과 마음 그리고 열정을 다하고 싶다는 생각이 간절했다.

그 당시 회사 말고 다른 일을 한다면 오프라인 매장 창업밖에 몰랐고 다른 대안이 없었다. 내 주변에 지금 내가 하고 있는 일을 하는 사람이 없었기에 내 시야는 매우 좁았다.

일단 퇴사를 결심하고 내 고향 안동이나 서울에서 조명과 철물을 판매 시공하는 매장을 차려야겠다고 생각했다. 우리 집이 내가 어려서부터 안동에서 농약 방, 지업사, 철물점을 했고 12년간 다닌 그 당시 직장이 조명회사였기 때문이다.

온라인에서 철물과 조명 창업을 도와주는 곳을 알아보았다. 그곳은 초도 제품도 넣어주고 시공, 설치 등의 교육도 해주는 곳이었다. 창업한다고 해도 잘 된다는 보장이 없었기에 마음 한쪽은 불안불안했다. 또한 큰돈이 들어가니 잘못되면 큰 리스크가 있었기 때문에 걱정스러운 마음도 컸다.

그때쯤 온라인에서 우연히 '무자본 창업'이라는 말을 알게 되었다. '뭐? 무자본으로 창업을 할 수 있다고? 이거 이상한 거 아니야?' 이런 생각이 들었지만 나도 모르게 강한 호기심이 들었고 마음이 계속 끌렸다.

그가 운영하는 네이버 카페 글과 책들을 보았고 강남에서 진행하는 오프라인 모임에 참석하면서 서서히 눈을 떠갔다. 알면 알수록 그 일은 너무도 매력적인 일이었다. 내가 가진 경험과 지식을 콘텐츠로 만들고 강의, 코칭, 무자본 사업들을 통해 수익을 내는 방식이었다. 알면 알수록 이 일이야말로 내가 앞으로 평생을 바쳐서 해야 할 일이라는 생각이 계속 들었다.

그는 말했다. "무자본이 가장 거대한 자본이다." 그를 만나고 그의 생각을 통해 오랜 시간 내가 가지고 있던 수많은 고정관념이 깨지고 바뀌기 시작했다. 정말 놀라운 일이었다. 가슴이 뛰고 설레었다.

그는 실제로 벤처사업을 하다 크게 실패하고 절망해서 삶의 위기를 맞이한 벼랑 끝에서 무자본의 가치를 발견한 사람이었다. 돈이 없었기에 돈이 없이 할 수 있는 다양한 사업들을 찾아낸 것이다. 또 그는 수학과 과학에 매우 정통한 사람이었기에 우주의 법치, 양자물리학, 불확정성의 원리 등도 어깨너머 배울 수 있었다. 그를 통해 사람의 능력은 무한하다는 것과 내가 이 위대하고 거대한 우주의 주인임을 깨달았다.

이후 그가 만든 [하루 만에 책 쓰기](몰입해서 하루에 한 권의 짧은 전자책을 꾸준히 완성하는 프로젝트)에 1년 가까이 참여하면서 약 50권 정도의 전자책을 매주 한 권씩 썼다. 그 경험으로 내 경험의 가치와 내 삶의 모든 것이 책이 된다는 것을 깨달았고 글쓰기를 통한 무한 성장을 경험했다.

그를 통해 나는 진정한 내 삶의 주인으로 태어났고 지금의 내가 되었다. 그를 만난 건 내 인생 최고의 행운이고 그는 내 삶의 귀인이다. 이젠 내가 누군가의 삶을 바꾸어주는 일하는 사람이 되어 참으로 감사하고 행복하다. 이젠 안다. 그 또한 나의 신비한 인생을 위해 내가 내 인생에 초대했다는 것을.

no.2

이은미

❏ 소개
1. 한국평생교육원장
2. 오색그림책방 운영
3. 한국작가협회 부회장
4. 한국자서전협회 부회장
5. 그림책심리성장연구소 경기1지부장
6. 그림책에세이, 공동저서, 전자책 전문
7. 개인저서, 공동저서, 전자책 52권 작가

❏ 연락처
1. 네이버 검색: 그림책코치 이은미
2. 유튜브 검색: 그림책이은미

인생의 무게를
함께한 동반자

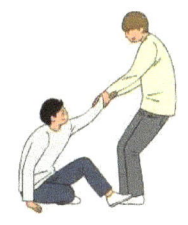

   30년 전, 양가의 반대를 무릅쓰고 선택한 결혼은 내 인생을 완전히 다른 길로 이끌었다. 무뚝뚝하고 책을 좋아하는 재미없는 남자라고 생각했던 남편. 하지만 그는 나에게 가장 소중한 삶의 가치를 가르쳐준 사람이 되었다.

   결혼 초, 남편은 순하지만, 고집이 세고 자기주장이 강한 사람이었다. 때로는 그의 완고함이 답답하게 느껴졌지만, 그 고집에는 늘 가족을 향한 진심이 담겨 있었다. 그는 사업가로서 바쁜 삶을 살았지만, 두 아이 앞에서는 누구보다도 부드럽고 따뜻한 아빠로 변했다. 바쁜 일정 속에서도 아이들과 놀아주고, 아이들의 눈높이에 맞추어 대화하며 진심으로 사랑을 표현하는 모습을 보며 나는 그의 또 다른 매력을 발견할 수 있었다.

   신혼 시절, 우리는 경제적으로 어려운 시간을 보냈다. 그가 빌려준 카드와 돈으로 쌓인 빚을 감당하며 시작한 결혼 생활은 쉽지 않았다. IMF 시절, 회사가 부도를 맞고 여러 직장을 옮기며 삶과 죽음의 경계에서 버텨야 했던 날들도 있었다. 아픈 아이의 병원비로 생긴 몇십억의 빚은 우리를 더 힘들게 했지만, 남편은 단 한 순간도 포기하지 않고 묵묵히 가족을 위해 일했다. 그의 고집스러움은 이런 상황에서도 우리를 버티게 만든 힘이었다.

남편은 부모의 사랑을 온전히 경험하지 못한 나를 따뜻하게 품어주었다. 그는 무뚝뚝한 말투로도 늘 내 편이 되어주었고, 내가 자신을 믿고 일어설 수 있도록 용기를 주었다. 사업가로 바쁜 삶 속에서도 나의 꿈을 응원하며, 내가 1인 기업을 시작할 수 있도록 전폭적인 지지를 보내주었다. 그의 책을 좋아하는 성향과 고집스러움은 우리 가정의 든든한 토대가 되었고, 그의 삶의 성실함은 우리 아이들에게도 귀감이 되었다.

무뚝뚝하지만 한없이 따뜻한 남편의 모습, 아이들과 함께 있을 때 세상에서 가장 부드럽고 다정한 아빠로 변하는 그의 모습을 보며 나는 가슴 깊이 감사함을 느낀다. 앞만 보고 달려가는 내 불도저 같은 성격도 그는 묵묵히 지켜봐 주었다. 나의 불안과 흔들림을 받아주는 그의 인내와 믿음이 없었다면 지금의 나는 없었을 것이다.

무엇보다도 그는 나를 한 사람의 여성으로 존중해 주었다. 결혼이라는 전환점에서 내가 좋아하는 일을 할 수 있도록, 하고 싶은 일을 통해 삶의 즐거움을 찾을 수 있도록 그는 묵묵히 나의 곁을 지켰다. 가끔은 내 불도저 같은 성격이 걱정되었음에도 나를 억누르지 않고 내 선택과 열정을 지지하며 끝까지 믿어주었다. 그 덕분에 나는 삶의 주체로서 내가 원하는 방향으로 나아갈 수 있었다.

그가 내게 준 것은 사랑 이상의 것이었다. 나의 삶을 바꿔놓았고, 나를 더 나은 사람으로 만들어주었다. 그의 고집스러움 속 진심, 무뚝뚝함 속 따뜻함, 그리고 언제나 변치 않는 사랑은 나의 삶을 새로운 빛으로 물들였다. 우리 함께한 30년의 세월은 힘든 순간들조차도 축복으로 바꾸어주었다.

인생의 전환점에서 우리를 지켜주는 사람은 때로는 눈에 띄지 않을 만큼 조용하고 묵묵한 존재일 수 있다. 그 사랑과 헌신은 때로 당연하게 여겨지지만, 사실은 우리의 삶을 지탱하는 가장 큰 힘이다. 내 곁에서 묵묵히 버텨주고, 내가 꿈꾸고 도전할 수 있도록 믿어준 그 사람 덕분에 지금의 내가 있다. 그 힘을 알아보고, 감사를 표현하는 일은 우리의 삶을 더욱 풍요롭게 만들 것이다.

누군가의 삶의 전환점이 되어준 적이 있다면, 혹은 그런 사람을 만나 감사한 마음을 품고 있다면, 오늘 그들에게 따뜻한 마음을 전해보자. 우리의 삶은 결국 사랑과 믿음으로 이어지는 여정이다.

no.3

조유나

❏ 소개
1. 유나리치 인카금융서비스 대표
2. 한국개척영업컨설팅연구소 대표
3. 더 베스트금융 연도대상 금상
4. 개척영업 전국 1위 강사.
5. 1대1 영업진단 및 억대연봉 메신저
6. 전자책, 종이책 포함 13권 출판
7. 개척영업으로 연도대상.억대연봉 수강생 다수
8. 닉네임: 유나리치 개척여신조유나

❏ 연락처: 010-2415-5999
1. 네이버 검색: 조유나의톡톡
2. 블로그: younarich1004
3. 인스타: @younarich

나는 왜
하는 일마다 잘되지?

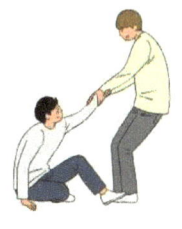

　어렸을 때부터 소심하고 밖에 나가는 것 싫어하고 조용한 성격이라 동네에서 천생 여자라는 얘기를 들었다. 그러다 시골집을 떠나 대학교에 들어가면서 성격이 바뀌기 시작했다.
　예전의 일들은 가물가물하지만, 선명하게 기억나는 일이 있다. 어느 날 밖에서 아주 이쁜 여자를 보았다. 그 여자분은 정말 모델처럼 키도 크고 몸매도 이뻐서 주변 사람들이 모두 쳐다볼 정도였다. 얼굴은 인형처럼 작고 눈도 크고 예뻐서 TV에서 연예인을 보는 것 같았다.
　그런데 그 여자분은 무엇이 급했는지 길거리에서 인상을 쓰고 무언가를 찾고 있었다. 소중한 무엇을 잃어버린 듯 이리저리 친구랑 같이 찾아보고 있는데 인상 쓰고 짜증 내는 모습은 처음에 내가 봤던 그 모습과는 많이 달라 보였다. 짜증을 내서 얼굴이 조금 변해 보였는데 그때는 그렇게 예쁜 얼굴도 오히려 이상해 보였다.
　그 후 나는 그분을 잊었지만, 그분의 얼굴 변화를 보고 '내가 다른 사람들한테는 어떤 이미지로 보일까?'라고 생각하게 됐다. 특별하지도 않고 그냥 평범한 일상이지만 그날 일로 인해 나 자신을 돌아보기 시작했다. '나는 어떤가? 사람들이 나

를 어떻게 볼까?'

'나는 그 여자처럼 예쁘지도 않은데 소심하고 내성적이고 자주 웃지도 않는다. 그럼 내 인상은 더 별로일 텐데'라는 생각이 들었다. 그렇게 생각하고 나서 조금씩 웃는 연습을 해보았다. 생각해 보니 사람들은 잘 웃는 사람 주변에 모이고 나부터도 가까이하고 싶고 친해지고 싶다.

무표정하고 인상 쓰는 사람한테 먼저 다가가긴 쉽지 않다. 울고 있는 사람한테 손수건 하나 건네는 것도 용기가 필요하다. 그리고 누구도 남의 일에 관심이 없다. 본인 살기도 팍팍한 세상 아닌가. 웃는 사람 옆에 있어야 나도 긍정적으로 변하고 좋은 기운이 돈다. 우울한 사람한테는 우울함이 같이 물들 것 같아서 피하게 되는 게 인간관계다.

어색해하면서도 입꼬리를 올리며 웃는 연습을 조금씩 하기 시작했다. 그전에는 뭘 하든지 부끄러워서 남 뒤에 숨어있고 말도 못 했다. 잘못한 것 없지만 말 시킬까 봐 조용히 신발 끝만 보고 길을 걷고 머리도 푹 숙이고 다니던 아이였다.

그리고 조금씩 말하기 연습과 거울 보고 웃는 연습을 꾸준히 하고 사진도 많이 찍어보았다. 여전히 어색했지만 도전하고 나서 성격이 바뀌기 시작했다. 그리고 알았다. 내가 먼저 속마음을 얘기하지 않으면 아무도 내 마음을 모른다는 것을. 그러니 혼자 생각하고 혼자 상처받지 말고 이해 안 되거나 불편한 게 있으면 말하고 털어놓자. 상대방도 그래야 알아준다. 말 안 하면 아무도 내 기분을 모른다.

조금씩 말하기 시작하면서 알았다. 세상은 혼자 사는 것이 아니다. 오히려 인상 쓰고 있는 나만 이상한 사람 취급받을 수 있다. 별거 아닌 일에 너무 혼자 끙끙 앓지 말자. 말해보면 오해가 있었던 것을 알 수 있고 서로의 생각 차이를 알 수 있다. 서로 배려하다가 실수할 수도 있는 것이 사회생활이고 인간관계다. 아직도 웃는 게 서툴고 어색하지만, 많이 웃으려고 하다 보니 지금은 성격이 많이 바뀌었다. 지금 주변 사람들은 나를 매우 긍정적이고 도전하는 성격으로 보고 있다.

소싯적 나를 알던 사람들은 모두 깜짝 놀란다. 그렇게 말도 안 하고 숨어 다니던 아이가 이렇게 많이 바뀌었다고. 엄마도 내가 어렸을 때랑 다르게 많이 바뀌었다고 가끔 말씀하신다. 누구나 언제 어디에서 인생이 바뀔지 모른다. 나는 사소한 길거리에 예쁜 여자의 행동을 보고 나를 돌아보면서 지금의 나로 변했다. 정말 감사하게도 그녀가 나의 인생을 바꾸었다.

웃으면 복이 온다. 웃으면 자연스럽게 주변에 긍정 에너지가 넘치고 좋은 일이 생긴다. 믿지 않을 수 없다. 옛말이 틀린 게 없다. 지금의 긍정 여신. 해피바이러스로 성장하기까지 시간이 오래 걸렸다. 앞으로도 꾸준히 주변 사람들한테 좋은 에너지를 주고 싶다. 지금의 내가 좋고 웃을수록 잘되는 일도 많다. "나는 왜 하는 일마다 잘 되지?"

이렇게 말하면 내가 하는 일이 더 잘 풀릴 거라고 믿는다. 믿는 대로 다 되니깐. 기분 좋게 일상을 웃으면서 보내고 생각하는 대로 다 이룬다.

"나는 왜 하는 일마다 잘 되지?" 다 이뤄지니 함께 해요!

긍정 여신이 알려주는 마법의 문구. you&na rich 조유나

no.4

박선희

❑ 소개
1. 더원인재개발원
2. (주)ESG경영연구원 이사
3. 경남카네기리더십연구소 전문강사
4. 교육학박사수료
5. ESG경영컨설턴트, 공정채용컨설턴트, 사업주훈련교사, 작가, 블로거
6. 더원출판사 대표: 전자책, 공동저서. 자서전 출판 전문
7. 네이버 인물검색: 박선희작가/ 닉네임: 오이작가

❑ 연락처
1. 블로그: https://blog.naver.com/wakeupsun
2. 네이버 검색: 박선희작가

간절함이 만든 인연

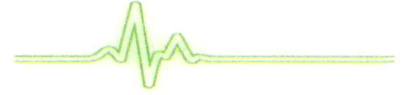
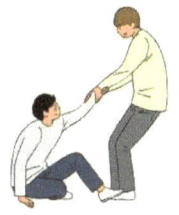

나를 찾는 하루 5분 코칭스킬
1. 내 삶을 바꾸게 한 사람은 누구인지 떠올려 보자
2. 어떤 경험인지 이야기해 보자
3. 이 경험으로 내 삶은 어떤 변화가 생겼는가?

"나는 운이 좋다. 내가 만나는 사람들은 운 좋은 사람들이다." 늘 입버릇처럼 하는 말이다. 나쁜 일이 생기면 "인생은 원래 고통의 바다. 고해다"라고 평균치를 갖는다. 고해의 바다에 살면서 나 정도면 충분히 운이 좋다고 생각한다. 그를 만난 것도 운 좋은 어느 날이었다.

5년 전, 일과 박사과정, 가정일로 숨 가쁘게 살다 보니 지친 상태였다. 아버지의 치매로 돌봐줄 사람이 필요했다. 회사를 그만두었다. 고3인 딸아이 뒷바라지에, 아버지 병원도 다니고, 박사과정도 마무리하는 중이었다. 지인의 권유에 2개월 아르바이트를 했다. 노동부 지원 사업주 훈련 과정이었다. 3개 반이 운영되었는데, 보조강사 한 명이 추가로 필요했다. 일은 간단했다. 아침저녁 수강생들 출퇴근 확인이다. 다른 반보조강사들은 아침 출근 확인한 후 자유 시간이었다. 하지만, 나는 수강생들과 함께 강의를 들었다.

20명의 강사가 매일 바뀌었고, 나는 그들의 강의를 들으며, 강사들과 친분을 쌓았다. 사업주 훈련 사업에 대해 알게 되었다. 나도 강의하고 싶었다. 2개월 후 강의가 끝나고 아르바이트 비용을 받았다.

나: "김 대표님. 일 배우고 싶어요"
그: "나는 임금을 줄 정도로 여유가 없습니다."
나: "괜찮습니다. 강의 꼭 배우고 싶습니다."
그는 나를 한참 물끄러미 쳐다보았다.
그: "좋습니다. 매일 출퇴근하세요. 강의 자격과 실력이 되면 강의를 줄게요."

김 대표는 하나에서 열까지 가르쳐 주었고, 체크를 해주었다. 매일 출근해서 교육 영업도 하고 100시간 분량의 강의 PPT를 만들었다. 카네기 강사, 직업상담 강사로서 진행하던 강의는 모두 잊고, 신입 강사의 마인드로 다시 시작했다. 실수도 잦고, 일을 그르칠 때도 있었다. 일에 대해 쓰고 복기하길 반복했다. 나는 간절했다. 훈련 교사 자격을 취득했다. 강의 자격을 갖추기 위해 시간과 노력을 투자했다. 하지만, 기회는 좀처럼 오지 않았다.

"박선희 이사님, 강사가 올 수 없다고 하는 데 칠서로 갈 수 있겠어요?" 새벽 5시 50분. 오늘 강사가 펑크를 냈다며 전화가 왔다. 차로 운전해서 1시간 20분 걸린다. 옷 입고 바로 나섰다. 물티슈로 얼굴 닦고 운전하면서 화장했다. 다행히, 제시간에 도착했고, 강의평가는 잘 나왔다.

5년이 지난 지금, 나는 컨설팅 회사 대표가 되어 기업 강의를 수주한다. 외국인을 위한 특화 훈련과 기업 컨설팅으로 다양하게 영역을 넓히고 있다. 사업자로 일을 하니 예전보다 시간과 돈에서 훨씬 자유롭다. 책임은 당연한 옵션이다.

첫걸음, 첫 도전, 첫 시도가 가장 힘들다. 계속해서 도전하면 성취의 맛을 알게 된다. 삶은 성취 경험을 쌓아가는 과정이다. 요즘은 새로운 분야인 전자책과 자서전 출판 코칭과 강의에 도전한다.

시간이 지나야 벼가 익고, 추수를 하는 것처럼, 농부의 마음으로 일을 배우고 익혀야 한다. 간절한 마음으로 꾸준히 하면 인연이 다가온다. 돈과 기회는 인연들이 만들어준다. 인연과 기회에 맞는 사람, 합당한 사람이 되면 놀라운 일이 생긴다.

나는 참 운이 좋다. 내가 만나는 사람은 운 좋은 사람이다. 지금, 이 글을 온전히 읽는 당신이 있어 내 삶을 조금씩 조금씩 바꾸고 있다. 참으로 감사하다.

no.5

김도경

❏ 소개

1. 동해상업고등학교 졸업
2. 삼척산업대학교 졸업(행정학 전공)
3. 평생교육진흥원(사회복지학 전공)
4. 상지대학교평화안보상담대학원(심리학 전공)
5. 숙명여자대학교특수대학원(향장미용학과 전공)
6. 교육행정직 공무원(30년 차)
7. 저서: 나의 코끼리(전자책)

❏ 연락처

1. 인스타그림: dk_food_kim
2. 블로그: https://blog.naver.com/dmsal1976
3. 유튜브: https://www.youtube.com/@DK-go8bp

도서관에서 시작된
공주 프로젝트

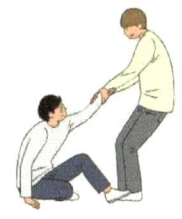

때는 1995년 8월, 어느 여름 오후였다.

햇살은 유난히 뜨겁고, 사무실 라디오에서 '두시의 데이트'가 흘러나왔다. 가끔 내가 좋아하는 가요가 들리면, 조용히 흥얼거리며 창밖으로 보이는 바다를 바라본다. 그리고 커피 2, 프림 3, 설탕 3의 황금 비율로 커피를 제조해서 받침이 있는 잔에 담아 우아하게 마시며, 교양이 넘치는 아가씨가 된 기분에 젖어본다. 한참 그렇게 나만의 우아함에 빠져 있었는데, 칸막이 너머에서 카랑카랑한 노인의 목소리가 들려왔다.

"김 양아! 도서관 다녀온나."

그 목소리의 주인공은 바로 내가 모시는 교육장님이다. 그래 나는 김 양이다. 이제 막 상업고등학교를 졸업하고 스무 살에 취업한 풋풋한 새내기 사무직원이다.

"교육장님, 어제도 책을 빌려 왔는데, 벌써 다 읽으셨어요?"

그러자 교육장님은 빙그레 웃으시며, 어제 빌려온 책을 내게 건네시며 말씀하셨다.

"오늘은 책을 빌릴 때, 김 양도 책을 한 권 빌려온나."

그 말씀에 살짝 당황한 내 표정을 보신 교육장님은 못 본 척 고개를 돌리시더니, 창밖 바다를 바라보며 시원한 보리차로 목을 축이셨다.

"저는 필요한 책이 없는데요."

내 말에 교육장님은 갑자기 엄숙한 표정으로 나를 바라보며 단호히 말씀하셨다.

"인간에게 필요한 책이 없다는 것은 오만이다. 그리고 그 책을 읽고 내용을 나에게 말해 줄 수 있겠나?"

스무 살의 나, 김 양은 당시 '오만'이 무슨 뜻인지 정확히 몰랐다. 그러나 그 뜻을 물어보는 것은 엄두가 나지 않았다. 교육장님의 표정이 그 어느 때보다 무서웠기 때문이다. 결국 나는 더 말을 잇지 못하고 "다녀오겠습니다"라는 인사와 함께 터덜터덜 도서관으로 향했다. 도서관에 도착한 나는 어떤 책을 읽어야 할지 몰라 서가 앞에서 서성이던 중, 사서 선생님이 다가오며 빙그레 웃으셨다.

"김 양, 왔구나. 교육장님께서 전화하셨어. 김 양이 오면 성공학 서적을 빌려주라고 하시더라."

그렇게 나는 사서 선생님과 성공학 서가로 향했다. 서가 앞에선 나는 책 제목을 하나하나 읽으며 생각에 잠겼다.

'어떤 책이 교육장님께 보고하기 좋을까?'
'교육장님은 더 성공하고 싶은 게 무엇일까?'
'교육장님은 어떤 성공을 꿈꾸고 계신 걸까?'

2024년 12월

사무실 창밖에 소복이 내린 첫눈을 바라보며, 문득 스무 살의 김 양과 교육장님이 떠올랐다.

교육장님은 김 양 덕분에 성공하셨을까?
물론이다. 교육장님은 성공하셨다.
그리고 책이 필요 없다는 '오만'을 부리던 김 양,
그 김 양도 성공의 길을 걸었다.

지금의 나는 만족도 높은 공직 생활을 하며, 학사 2개, 석사 2개, 자격증 16개를 취득했다. 그리고 이제는 좋은 책을 쓰는 도반들과 함께 공저 작가로 세상을 경험하고 있다.

교육장님이 퇴임하시던 날 이런 말씀을 하셨다.
"김 양아, 나의 교육자로서 마지막 목표는 너를 공주로 만드는 것이었단다. 그런데 내가 김 양을 공주로 만들고 퇴임하니 목표를 이룬 것 같아 기쁘다."

no.6
이영찬

□ **소개**
1. 주택연금 명예홍보대사
2. 유튜브 '주택연금왕' 채널 운영
3. 전: ㈜만도 임원 역임
4. 전: 마이타임플랜 대표
5. 연세대학교 기계공학과 졸업
6. ROTC 10기
7. 닉네임: 마이타임

□ **연락처**
1. 유튜브 검색: 주택연금왕
2. 티스토리 검색: 이영찬

위대한 스승,
폴 J. 마이어

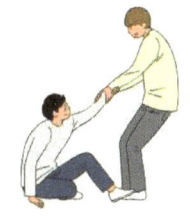

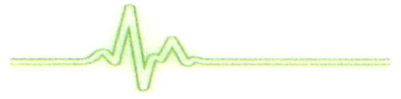

2020년 4월, 72세인 나는 은퇴 후 바로 주택연금에 가입하고 매년 '주택연금 명예 홍보대사'로 활동하고 있다. 그해 7월부터 유튜브 방송을 시작해서, 3년 만에 구독자 1,000명을 달성했고 수익화 방안 중 하나인 멤버십 운영을 앞두고 있다. 유튜브 4년 차인 지금은 구독자가 2,200명이고 아직 유튜브 광고 수익은 미미하다.

자연스럽게 멤버십 전용 회원에게 혜택을 주고, 단계별로 책정하는 후원금 제도에 커다란 관심을 두게 되었다. 그 이유 중 하나는 20여 년 전 시간 관리 강사로 활동할 때 얻게 된 나의 경험과 지식을 다른 사람과 함께 나누고 보람을 느끼는 것이 내 소망이었기 때문이다.

'나는 1인 크리에이터로서 매월 1,000$만 벌면 좋겠다'라는 소박한 목표를 갖고 있다. 최소의 장비와 도구를 사용하고 혼자서 모든 일을 처리하기로 기준을 두었다. 나는 노후에 연금이 가져다주는 안정감으로 인해 여유가 생겨 자아실현을 위해 힘쓰고 있다. 연초에 젊은 인플루언서의 권유로 지금은 책 쓰기에 몰입하고 있다. "책 한 권 써보시죠" 이 말을 듣고 반성했고 부끄러운 마음이 드는 동시에 새로운 도전에 대한 흥분으로 가득하게 되었다.

'50대에는 꿈도 못 꾸던 내가 75세가 넘어 작가가 된다니' 이 이야기를 들은 날부터 나의 검색창에는 온통 '글쓰기'와 '책 쓰기'로 넘쳐났다.

1997년 IMF로 인해 기업들이 휘청거릴 때 내가 속한 회사도 어려움을 겪게 되어 퇴직하게 됐다. 바로 전년도에 임원으로 진급해서 회사의 주선으로 5팀이 부부동반 하와이 해외여행까지 다녀왔는데 이게 웬 날벼락인가? 두 딸은 대학생이고 앞으로 결혼도 남았는데, 당장 봉급이 끊어지고 학자금 대출한 돈이 수천만 원이라 10%가 넘는 이자를 낼 일을 생각하니 하늘이 무너지는 듯했다.

젊은 시절 10년 동안 중동·아프리카에서 땀 흘려가며 마련한 강남 아파트를 팔고 도봉구 아파트로 이사를 해서 은행 빚을 갚아야만 했다. 세월이 흘러 강남 아파트는 수십억 원이 되었을 때 주위에서 수군거리는 이야기를 들을 때마다 좌절감에 빠지곤 했다.

이후 감사하게도 50세에 퇴직하여 우연히 만난 해외의 리더십 프로그램을 통해 성공의 의미를 깨닫고, 가치 있는 목표와 실행력을 통해 세상을 이기는 방법을 체득하게 되었다. 프로그램을 만든 사람은 바로 성공의 비밀을 창안한 미국의 '폴 J. 마이어'였다. 젊은 날 그는 혹독한 시련에 부딪쳤다. 연속해서 57개의 보험회사 입사에 실패했고, 어렵게 입사한 첫 회사에서는 수줍음을 많이 타고 내성적이라는 이유로 3주 만에 해고되었다.

그는 눈물을 흘리며 하나님께 기도하며 스스로에게 약속했다. 세일즈 노하우를 마스터하며 후배들이 자신과 같은 고통을 겪지 않게 하려고 익히고 배운 것을 낱낱이 전수하겠노라고. 이후 보험 기록을 차례로 경신했고 20대 중반에 세일즈 매니저가 되었다. 그 후 세일즈맨으로서 승승장구하며 수많은 판매사원을 성공으로 이끌었다. 이때 그는 성공에 이르는 데는 뚜렷한 **'목표설정'**, 내면의 **'동기부여'**, **'태도 변화'**가 필수적이라는 것을 발견한다. 20대 초반 무렵 '백만 불의 성공계획'(THE MILLION DOLLAR PERSONAL SUCCESS PLAN)을 세우고 이 계획을 자신의 삶과 일에 적용하여 27세에 백만장자가 되었다. 엄청난 결과에 자신도 놀란 그는 다른 사람들을 훈련시키며 자신이 발견한 원리에 대해 더욱 확신하게 되었다. 그는 전 세계 수백만 명에 이르는 사람들의 내면에 혁명을 일으키고 인생을 놀랍게 바꾸고 있다.

2006년 텍사스 웨이코 본사에서 동경하던 그를 만날 수 있었다. 비즈니스에 꼭 필요한 6가지 특별한 메시지도 받았다. 10일간 판매 기법 등을 배우면서 프로그램 진행을 돕는 '퍼실리테이터' 과정을 수료하게 되었다. 이런 경험으로 나는 리더십 프로그램의 강사가 되어 다른 사람들에게 성공을 위한 원리를 가르치게 되었다. 폴 J. 마이어와의 만남과 그의 메시지는 나에게 큰 영감을 주었다.

이제 유튜브 멤버십 회원들에게 '마이타임 플래너'라는 도구를 사용하여 자질을 업그레이드하고 꾸준함과 실행력을 향상시키도록 최선을 다할 것이다.

no.7

문정원

❏ 소개
1. 직장인이자 워킹맘
2. 현)금융회사 재직중
3. 숙명여자대학교 경영학부 졸업

나를 찾아가는
여정의 동반자

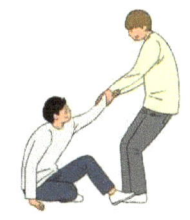

  나는 금융권에서 일하는 직장인이자, 두 아이의 엄마인 워킹맘이다. 매일 일과 가정을 병행하면서 늘 새로운 도전을 마주하는데, 내 인생에서 가장 큰 변화와 성장은 바로 쌍둥이들이 내 삶에 들어오면서 시작되었다.

  직장인인 나는 현재 금융권 회사에서 Business Quality 분석 업무를 맡고 있고, 모니터링 중 인사이트가 발견되면 의사결정자들인 임원들에게 내용을 보고하고 필요한 조치를 논의하거나, 현재 시행 중인 전략의 방향을 바꿀 수 있도록 제안한다. 육아휴직 후 발령받은 지금의 업무는 다양한 업무를 맡았던 경험을 바탕으로 2년이 채 지나지 않아 빠른 속도로 안정감을 찾아갔고, 능숙하게 해내고 있다는 평을 받고 있다. 하지만 여기까지 오는데 순탄하지만은 않았다.

  앞이 보이지 않는 어두운 터널을 지나는 것처럼 나의 20대는 치열한 시간이었다. 졸업 이후 지방에 계시는 부모님에게 의지하기에는 한 해 한 해 갈수록 죄송한 마음이었고 나를 스스로 먹여 살리는 금전적 독립이야말로 내가 해내야 하는 목표였다. 그러기 위해서는 치열하게 사회에 나를 증명해야 했고 그렇게 지금의 회사에서 일하게 되었다.

회사 생활이 안정될 때쯤 결혼을 했고 재미있는 둘만의 신혼생활을 했지만, 시간이 갈수록 아이에 대한 간절함은 커졌다. 매일 아이가 생기면 어떻게 육아할지 머릿속으로 상상했고, 아이들이 자신을 가장 사랑하는 인격체로 키우리라 생각하며 어떻게 대화할지도 연습했다. 간절함을 넘어 모든 것을 내려놓아야 할 시점이 왔다고 생각했을 때 쌍둥이들이 찾아왔다.

쌍둥이를 임신 중에는 발 한걸음 옮기는 것도 조심했고, 만삭 때는 온몸이 퉁퉁 붓고, 눕지 못해 앉아서 매일 밤을 지새웠다. 쌍둥이를 임신하고, 출산하고, 키워가는 과정은 상상도 못 한 일들의 연속이었다. 처음에는 육아의 어려움에 막막함을 느끼기도 했다. 하지만 그들이 하루하루 자라면서 내 안에는 그 어느 때보다 강한 책임감과 인내심이 생겼고, 단순히 '엄마'로서, '직장인'으로서뿐만 아니라, 한 인간으로서 더 많은 걸 배우고 성장하게 되었다.

쌍둥이들은 내가 시간을 어떻게 관리하고, 더 효율적으로 일하며, 가족과 직장 생활을 더 조화롭게 병행해야 할지 방법을 가르쳐 주었고, 힘든 순간에도 긍정적인 마음을 잃지 않게 하고, 어떤 상황에서도 결단력 있게 문제를 해결할 수 있는 자신감을 주었다.

돌이켜 보니 쌍둥이들은 단순히 자녀가 아니라, 내게 새로운 인생의 목표와 방향을 제시해 주는 존재였다. 그들과 함께하는 일상 속에서 나는 계속 성장하고 있고, 매일 그들의 웃음과 눈빛은 내게 새로운 에너지를 주며, 그들 덕분에 더 나은 사람이 되고 싶어 노력하며 살고 있다.

단순히 먹이고, 입히고, 재워야 하는 존재였던 신생아 시기를 지나 영유아기를 보내면서, 쌍둥이들은 나와 소통하기 시작했고, 나를 따라 하기 시작했고, 나에게 영향을 받기 시작했다. 그 이상으로 쌍둥이들은 다양한 상황과 사람들 속에서 좋은 에너지를 흡수했고, 밝고 긍정적이며, 호기심이 많고, 친구들을 잘 챙기는 모습을 보여 줄 때면 내가 아이들에게 준 영향보다 쌍둥이들 스스로 자신들만의 세계를 만들어 가는 모습에 놀라지 않을 수 없다.

이렇듯 내 모습을 비추는 거울이라고만 생각했던 아이늘 노습 속에서 오히려 무한한 가능성을 더 발전시킬 수 있도록 함께 성장하는 내가 되어야겠다고 생각하게 된다.

오늘 하루도 아이들과 치열한 하루를 보내야 할지 모른다. 하지만, 이 시간은 다시는 오지 않을 아이들과 가장 깊은 관계의 시기이자 내가 자라는 중요한 시기임을 더욱 확신하게 된다. 오늘도 내 인생의 여정에 함께해 준 쌍둥이들에게, 더 좋은 사람으로 더 온전한 사람으로 살아갈 수 있도록 동기부여가 되어 고맙다고 전하고 싶다.

no.8

윤민영

❏ 소개

1. 자담인영힐링 대표
2. 전자책 크몽 입점
3. 브런치 작가
4. 온라인 오프라인 건강강의 코칭
5. 초등학교 영어 교사
6. 자담인영힐링 쇼핑몰 운영
7. 공저 '내 삶을 바꾼 책' 베스트셀러 작가

❏ 연락처

1. 블로그: https://blog.naver.com/eiept211
2. 쇼핑몰: https://jd100923.jadamin.kr
3. 유튜브: 건강백세프로젝트 영힐링

치유의 길을 열어준
생명의 등대, 최송철

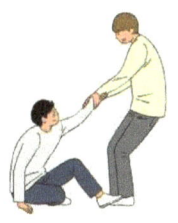

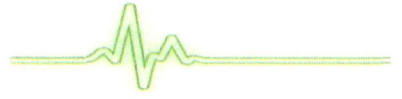

    세상에는 때로 우연처럼 찾아오는 인연들이 있다. 건강에 대한 절망 속에서 새로운 희망을 찾게 해준 최송철 원장님을 만난 것은 내 인생의 가장 큰 축복이다. 내게 최송철 원장님은 그런 특별한 분이다. 병들고 지쳐있던 내 삶에 희망의 빛을 비춰주신 그분을 떠올리면 지금도 가슴이 뜨거워진다. 그는 단순한 건강 전문가가 아니라, 생명의 근본 원리를 꿰뚫어 보는 통찰력 있는 스승이자 수많은 이들의 건강한 삶의 이정표를 제시하는 분이다.

    처음 그분의 강의를 접했을 때, 내 몸과 마음이 완전히 무너져 있었다. 많은 시간 병원에 다녔지만, 근본적인 해답을 찾지 못하고 고혈당으로 시달리고 있었던 시절, 최송철 원장님은 마치 오아시스와 같은 역할을 해주셨다. 그의 강의는 단순한 건강 정보가 아니라, 생명에 대한 깊은 사랑과 존중이 담긴 자연의 지혜였다.

    의료계 밖에서 자연 건강법의 진정한 의미를 전파하는 그분은 단순한 강사가 아니라 수많은 이들의 생명 등대와도 같은 분이다. 청주에서 조혜숙 본부장님과 가맹점 대표님들이 진행하는 1박 2일 힐링캠프에서 그는 생명의 근본을 이해하고, 자신을 사랑하는 법과 자연의 이치를 깨닫게 해주었다.

또한, 한 달에 6일 동안 새벽 6시부터 시작되는 줌 강의는 내게 기적 같은 시간이었다. 그는 질병을 증상이 아니라 근본 원인에서 바라보라고 가르쳐 주었고, 우리 몸의 놀라운 자연 치유력을 믿게 해주었다. 특히 책을 읽게 하셨고 감사함을 통해 더욱더 많은 감사를 알려주었다. 더욱이 장(腸)에 대한 그의 강연과 고 미네랄 요법, 천일염과 칼슘 강의는 내게 완전한 깨달음이었다. 장이 우리 몸의 두 번째 뇌라는 그의 말씀은 나의 건강관을 180도 바꾸어 놓았다. 감정이 우리 몸에 미치는 영향을 과학적이면서도 따뜻하게 설명해 주었다.

'장이 살아야 몸이 산다.', '체온 1도 높이는 데 주력하라' 우리 몸의 건강은 놀랍게도 아주 작은 변화에서 시작된다. 그 중 가장 중요한 두 가지 핵심은 바로 장의 건강과 체온이다. 약 100조 개의 장내 미생물은 면역력의 70~80%를 담당하며, 단순히 음식을 소화하는 기관을 넘어 우리 몸의 가장 중요한 방어선이다. 건강한 장은 염증을 줄이고, 호르몬 균형을 유지하며, 심지어 우울증과 같은 정신건강까지 조절한다.

체온 1도의 차이는 우리 몸에 엄청난 변화를 만든다. 정상 체온인 36.5도에서 35.5도로 단 1도만 떨어져도 면역력은 30% 이상 저하된다. 체온이 1도 내려가면 우리 몸의 효소 활성은 12% 감소하고, 대사 활동은 크게 줄어든다.

장과 체온은 서로 밀접하게 연결되어 있다. 건강한 장은 좋은 체온 조절에 도움을 주고, 적절한 체온은 다시 장의 건강을 지켜준다. 이는 마치 서로를 보완하는 완벽한 생명의 시스템과 같다. 우리 몸은 놀라운 자연치유력을 가지고 있다. 장을 건강하게, 체온을 정상적으로 유지하는 것이 바로 그 치유력을 깨우는 가장 근본적인 방법이다.

그는 단순한 건강 강사가 아니다. 생명에 대한 깊은 사랑과 존중을 가르쳐주는 스승이다. 병을 고치는 것이 아니라, 스스로 치유하는 힘을 일깨워주었고 내 몸과 마음의 균형을 찾게 해주신 분이다.

원장님은 "질병은 증상이 아니라 우리 몸의 신호"라고 말씀하시며, 병의 근본 원인을 찾아 치유하는 방법을 알려주었다. 식습관, 생활방식, 정신건강, 모든 것이 서로 연결되어 있다는 그의 통합적 건강관은 새로운 세계를 열어주었다.

최송철 원장님의 저서들은 현대 의학의 한계를 넘어서는 획기적인 통찰을 담고 있다. '생명의 게이트 칼슘'은 우리 몸의 근본적인 치유 메커니즘을 탐구하며, '장독을 깨라'는 현대인의 만성질환의 근본 원인인 장에 관해 날카롭게 분석한다. '장청몸청'은 장의 중요성과 건강한 장을 만드는 방법을 상세히 설명하고 있다.

그의 가르침은 단순한 지식을 넘어 삶의 철학이자 새로운 생명 존중의 방식으로, 그를 만난 것을 평생 감사하며, 그의 자연 건강법의 지혜를 더 많은 사람과 나누고자 "자담인" 가맹점을 차려 많은 분께 자연 건강법을 전해주는 가치 있는 일을 하고 있다. 세상 모든 분의 건강과 행복을 기원한다,

no.9

최윤정

❏ 소개
1. 윤정교육연구소 소장
2. 대전보건대학교 유아교육과 겸임교수
3. 한국보육진흥원 보육과정 전문코리더
4. 충남육아종합지원센터 부모자녀체험 강사
5. 해커스평생교육원 아동학과 교수
6. 공저 '내 삶을 바꾼 책' 베스트셀러 작가

❏ 연락처
1. 블로그: https://blog.naver.com/fancyyj
2. 메일: fancyyj@hanmail.net

부모님의 뒷모습, 나를 일으킨 힘

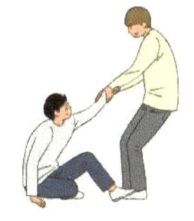

자기소개서에서 장점을 쓰라고 하면, 나는 늘 긍정적인 사고와 끈기를 적는다. 이 두 가지는 내가 가진 가장 큰 자산이며, 지금의 나를 만들어 준 원동력이기 때문이다. 가끔 나는 이런 생각도 한다. '나는 어쩌면 이렇게 잘 자랐을까?', '우리 부모님은 교육학을 공부한 것도 아닌데, 어쩜 이렇게 자식 교육을 잘 알았을까?', '내가 이렇게 긍정적이고 끈기 있는 이유는 무엇일까?' 그 답은 단연코 부모님 덕분이다.

우리 부모님은 1958년생 동갑내기 부부다. 고학력자도 아니고, 자산이 많은 것도 아니다. 착하고 정직했던 아버지는 친구 회사에서 일했지만, 월급을 제대로 받지 못해 경제적으로 힘든 시간을 보냈다고 한다. 결국 부모님은 생계를 위해 서울을 떠나 아버지 고향으로 내려갔다. 그곳에서 리어카에 과일을 싣고 팔거나, 시장에서 옷 장사를 하며 버텼다. 그러다 내가 초등학교 2학년이던 해, 아버지는 결국 옷 장사를 그만두셨다. 당시 우리 집은 사채를 써야 할 만큼 어려운 상황이었다. 부모님은 더 이상 안 되겠다는 결단을 내렸다. 어머니가 장사를 더 잘했지만, 아버지는 어머니에게 말했다. "당신은 시장에 나오지 말고 집에서 아이들을 키우라"라고. 아빠가 장사하는 모습을 보며 배울 것이 없다고 교육 환경에 더 신경

쓰셨다.

그 무렵, 부모님은 아버지의 친구로부터 분식집 기술을 배우기 시작했다. 내가 초등학교 3학년 여름 방학 때, 부모님은 시내 외곽의 학교와 관공서가 몰려 있는 20평 남짓한 곳에 분식집을 차렸다. 가게는 큰 인기를 끌었고, 하교 후에는 나와 동생까지 고사리손으로 장사를 도와야 할 정도였다. 부모님은 매일 새벽같이 일하며 쪽잠을 잤고, 체력이 약했던 어머니는 자주 쓰러지면서도 다시 일어나 일을 이어갔다. 그렇게 열심히 일한 덕분에 가게는 유명세를 타며 라디오 인터뷰 요청까지 받을 정도가 됐다.

그러나 우리 집의 경제적 어려움은 쉽게 해결되지 않았다. 내가 초등학교 4학년이던 어느 날, 집에 돌아가 보니 검은 양복을 입은 남자가 부모님과 이야기하고 있었다. 그는 사채업자였다. 부모님은 이자와 원금을 갚아 나가고 있었지만, 원금이 줄지 않는 부당한 상황에 항의하고 있었다. 그 남자는 "깡패들이 와서 가게를 부술 수도 있다"라며 협박했고, 나는 어린 마음에 크게 화가 났다. 하지만 내가 할 수 있는 일은 없었다. 그날 나는 결심했다. '돈과 권력이 없으면 이렇게 억울한 일을 당하는구나.'

'나는 당하고만 살지 않겠다.'

'반드시 높은 학력을 갖고 강한 사람이 되겠다.'

부모님은 이후로도 꼬박꼬박 사채를 갚았고, 결국 마지막 날 검은 양복을 입은 남자는 "그동안 고생했다, 가게 번창하라"며 웃으며 돌아갔다. 마지막 날의 부모님 얼굴은 그동안 보지 못했던 밝은 미소로 가득했다. 그 모습은 지금도 잊히지 않는다.

부모님은 자식 교육에 누구보다 열정적이었다. 식당에서 술을 팔면 매출이 훨씬 늘어날 것을 알면서도, 남동생이 대학에 갈 때까지 술을 팔지 않았다. 술 취한 손님을 아이들에게 보여주고 싶지 않다는 이유였다. 또, 배우지 못한 자신들 때문에 자식들까지 고생시키고 싶지 않다는 생각에 사교육을 아낌없이 지원했다. 빚을 갚는 중에도 과외를 시키고, 읽을거리를 사주며 나와 동생에게 공부할 환경을 만들어 주었다.

아버지는 가끔 술을 드시면 말했다. "너희한테 투자한 돈을 만 원짜리로 쌓아 올리면 네 키를 넘을 거다." 정작 부모님은 낡은 옷을 입고, 허름한 신발을 신고, 아끼고 또 아끼면서도 자식들에게는 아낌없이 투자했다.

부모님은 여전히 그 식당을 운영 중이다. 어느덧 44년째다. 한 자리에서 오랜 세월 같은 일을 해내는 건 누구에게나 쉬운 일이 아니다. 내가 지금의 나로 살 수 있는 건 부모님의 뒷모습을 보며 배운 덕분이라고 생각한다. 부모님은 정직과 성실로 자식들에게 부끄럽지 않은 삶을 살았고, 사람을 대할 때도 늘 진심을 다했다. 직원들도 인간적으로 대했다.

"사람 위에 사람 없고, 사람 아래 사람 없다"라며 남에게 상처 주는 일을 하지 말라고 가르쳤다.

나는 부모님께 배운 그대로 내 자식들에게도 떳떳한 부모가 되고 싶다. 부모님의 뒷모습은 내게 가장 큰 교훈이자 삶의 나침반이다. 나는 그 모습을 가슴 깊이 새기며 살아간다.

no.10

장예진

❏ 소개
1. 보육교사, 사회복지사, 평생교육사, 다문화교원 자격증
2. 상담심리 치료 박사(PHD), 미술치료사 심리검사 전문가
3. 1급상담심리 치료사, 언어 치료사
4. 애니어그램 상담 강사 성폭력 상담 전문가
5. 가정폭력 상담 전문가 학교폭력 상담 전문가
6. 갈등조정 상담사 이마고 부부 상담사
7. 인성지도사 1급 독서 논술 지도사
8. *저서: 무심에서 감성으로 감성 시집(공저)
     쪼가 있는 사람들의 결단(공저)

❏ 연락처
1. 이메일: cosmos9377@hanmail.net
2. 블로그: https://m.blog.naver.com/jso0426/222466689265
3. 유튜브: 장예진TV

정연패션 부사장님과 오수란 아주머니

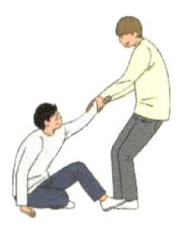

남편의 사업이 하루 만에 아파트를 살 정도로 성공했다. 나는 논노, 정연, 오라패션 3가지 브랜드로 매장을 운영했다. 그때 숙녀복 매장에서 일하는 한 직원이 부채를 못 갚아서 집달관들이 집의 짐들을 밖으로 내려놓고 쫓겨나고 수능 앞둔 아들과 있을 곳이 없다고 울어서 도와주고 싶었다.

남편 모르게 사업장 2층 직원 휴게실 방에 아들을 지내도록 했다. 학교에서 늦게 오고 아침에는 일찍 나가기에 키를 만들어주었다. 남편에게 들켜서 사정 얘기를 했더니 허락을 해주었다. 그러던 어느 날 주방장에게 불이 났다고 전화가 왔다. 학생이 돈가스를 먹으려고 가스 불을 켜놓고 친구들이 불러서 학교 운동장에 축구하러 가고 잊어버리고 놀았다는 것이다.

서울에서 차를 타고 인천으로 오는데 비행기로 날아오고 싶었다. 나는 기도하기 시작했다. '하나님! 불 좀 꺼 주세요. 아이도 살려주세요. 온 상가에 불이 다 붙을 텐데 번지지 않고 꺼주세요.' 아무 말도 못 하고 눈 감고 기도만 했다. 신포동 건물들은 붙어있는데 소방차 10대가 출동해서 불을 끄니 사업장이 물에 잠겼다고 말했다.

도착했을 때는 홍수가 난 것처럼 대로까지 물이 흘러 내려왔다. 소방차 덕분에 다른 건물들과 사람들이 무사하다는 것을 알고 감사했다. 그런데 아이가 경찰서에 방화범으로 잡혀갔다는 말을 들었고 놀라서 경찰서로 달려갔다. 서장님이 말했다. "사장님! 이놈이 사업장 불을 내서 저기 방화범으로 갇혔습니다." 남편은 왜 아이를 가두느냐며 당장 꺼내라고 했고 나온 아이를 껴안고 무사해서 고맙다고 말했다.

 부모한테도 연락해서 엄마가 경찰서에 왔다. 수능 볼 수 있게 해준다고 데려가 놓고 내 아들이 죽을 뻔했다고 화내며 돌아선 후 지금까지 본 적이 없다. 그때 당시 아파트 23평짜리가 350만 원 할 때였다. 사업장은 2층 건물 100평이었다. 주인한테 연락했는데 처음대로 공사해 달라고 말했다. 깔끔하게 완전히 공사해준 후 남편은 거액의 부채를 안고 그길로 부도가 나고 말았다.

 부채를 정리하고 나니 살던 3층 주택도 만기가 되어 맨몸으로 나서야 했다. 그러던 중 길거리에서 부활절 떡과 달걀을 나누다가 어떤 아주머니를 만나게 되었다. "아주머니. 혹시 이 동네에 월셋집 얻을 수 있을까요?" "누가 살 건가요?" "제가요. 그런데 보증금은 얼마나 있나요?" "하나도 없어요". 부활절 떡과 달걀을 들고 따라갔다. "여기서 월세만 내고 살면서 부자 되세요." 자신도 새댁 같은 시절에 누군가에게 이런 도움받았다며 부담 갖지 말고 잘살아 보라고 따뜻하게 말씀하셨다. 반지하 빌라인데 방이 3칸이 있고 목욕탕도 넓었다. 빈집이라서 바로 이사할 수가 있었다. 딸이 중학생, 아들이 고등학생이었다. 내가 일하러 나가고 없는 사이 궁금해서 전화한 언니에게 딸이 "이모! 우리 내일 이사해요."라고 말했다. 그 말을 듣고 언니와 형부가 오셔서 집을 완벽하게 정리해주고 밥도 해놓고 냉장고에 반찬도 가득 채워주어서 맛있게 먹었다. 아들이 고등학생인데 어른처럼 정리를 도왔고 딸은 해맑게 웃으면서 "엄마! 반지하라서 3층 살 때보다 아늑하고 좋아요"라고 말해주어 고마웠다. 1년 정도 살다가 어느 날 알림방 신문에서 부동산을 보다가 전화를 걸었다. 2층이고 계약서 써놓고 해약되었다고 뭐 하려고 하느냐고 물으셨다. 어린이집을 하고 싶다고 했더니 좋다고 허락해 주셨다. 집이 비어 있어서 아파트 살 때 집 보수를 하시던 나승표 집사님께 전화를 걸었다. 퇴근하고 저녁마다 공사 자재를 가지고 와서 55평에 모두 보일러를 깔아주었고, 방 3칸을 만들었고, 나머지 40평은 어린이집 할 수 있도록 공사해 주셨다. 어린이집 간판을 달고 모집 광고를 붙였는데 한 달 만에 30명이 입학했다. 어머님들의 소개로 인원 초과로 한군데 더 어린이집을 하게 되었다. 초·중·고 선생님이 아이들을 많이 보내주셨다. 나를 진짜 엄마, 친엄마는 학교 엄마라고 불렀던 아이들이 이젠 가정을 꾸리고 살아간다. 어떤 아이는 사춘기 고3 때 만나서 진로상담으로 명문 대학을 진학시켰고 또, 한 아이는 결혼을 앞두고 배우자를 데리고 오기도 했다. 자식이 많은 엄마로 살고 있어서 감사하며 살고 있다.

  힘들 때 집을 빌려준 오수란 아주머니를 은혜 갚으려고 찾아갔는데 내가 살던 빌라도 학교도 없어졌다. 내 삶의 안식처로 살게 해주셨던 잊지 못할 은인이다. 많이 뵙고 싶은 아주머니다.

내 삶의 귀인

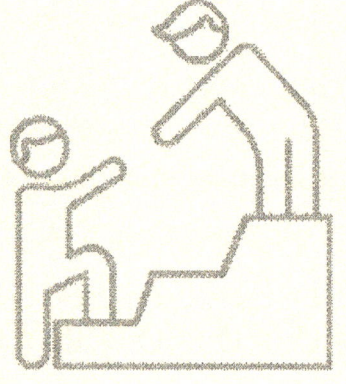

2장. 모든 사람이 귀인이었다

11. 이연화
모든 사람이 귀인이었다

12. 이혜원
눈물로 쌓은 2년, 미소로 바뀐 2개월의 기적

13. 양 선
딸은 나의 스승

14. 김미옥
나를 변화시킨 사람들

15. 최현주
아무도 대신 살아주지 않아

16. 최민수
세종대왕과 이순신 장군 문과 무를 겸비한 나의 길

17. 조현례
나의 자식들

18. 조성연
난 부모님의 유산을 받지 않았다

19. 차경숙
내 삶의 귀인 윤민영 대표님과 자담인

20. 박향숙
내 아버지

no.11

이연화

❑ 소개
1. 한국그림책작가협회 정회원
2. 한우리 독서지도사
3. 보육교사 및 그림책지도사
4. 그림책작가 〈날아라! 민들레야.- 안산 관내 도서관 배포용〉
5. 매체활용 퍼실리데이터 강사
6. 자이언트 백작 부족 작가 활동중
7. 닉네임 : 그림책과 함께

❑ 연락처
1. 네이버 검색 : 그림책과 함께
2. 인스타 검색 : @lover_b00k

모든 사람이
귀인이었다

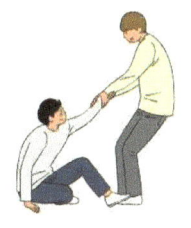

  인생을 되돌아보며 그동안 인연을 맺었던 사람들을 하나둘 떠올려 보았다. 어린 시절 소꿉친구들, 학창 시절 친구들, 사회생활을 하면서 만났던 회사 식구들, 대학교 친구들, 도서관 강의에서 만난 선생님들, 그림책 공부를 함께했던 선생님들, 보육교사를 하면서 만났던 귀여운 꼬마 친구들과 학부모님들, 아이 친구들의 학부모들, 오랜 병원 생활에서 만났던 의사 선생님들과 간호사 선생님들, 친정 식구들까지…

  이 모든 사람이 다 나에게 귀인이었다. 그중에서도 가장 영향을 준 사람은 7년이라는 긴 세월을 친자매처럼 생각했던 일명 동네 언니였다. 신혼 초부터 12년의 시댁살이에서 남편과 사랑스러운 삼 남매를 데리고 독립해 조그만 임대 아파트에서 살게 되었을 때였다. 첫째와 둘째가 초등학생이었고, 막내가 유치원을 다니게 되면서 아이들 하교 시간까지의 시간은 나에게 너무나도 소중한 시간이었다.

  전업주부였던 나의 열망이자 소소하지만 쉽지 않았던 소망! 그건 바로 햇살 가득한 창가에서 향긋한 커피를 마시며 여유롭게 혼자만의 시간을 갖는 것이었다. 지금도 그렇지만 그때 마셨던 맥심 커피 맛은 잊을 수 없을 정도로 맛이 최고였다.

  전업주부를 하면서도 직장을 갖고 싶은 마음이 들었다. 그러다 어린이집을 운영하는 지인의 권유로 보육교사 공부를 시작하게 되었다. 학교 다닐 때 공부는 지겹고 힘들게만 느껴졌었는데 웬일인지 보육교사 공부는 너무도 재밌고 흥미로웠다.

 교육원을 다니면서 동기 선생님들과 함께 수업자료도 만들고 실습도 하면서 하루하루가 행복했었다. 그러던 어느 날! 전화가 왔다. 딸 율이와 같은 유치원에 다니는 민호 엄마였다. 그렇게 그 사람과의 인연이 시작되었다. 하지만 그 인연은 7년이라는 긴 시간이 무색할 정도로 악연이 되고 말았다.

 처음엔 자상한 언니처럼 편하게 대해 주고, 아이들과도 서로의 집을 왕래하면서 편한 언니, 동생으로 지내면서 서로의 가정사도 알게 되었다. 힘들어하는 언니와 함께 다니는 시간이 점점 늘어나게 되었다. 그러다 이상함을 눈치챘을 때는 이미 돌이킬 수 없게 된 상황이 되어버렸다. 시기와 질투였는지, 어떤 건지 잘 모르지만 나를 오해하고 모함하기 시작했다. 역시 그런 거였구나! 나는 말로만 들었던 왕따, 자기 남편과 아이를 빼앗으려고 한 파렴치한 여자, 은혜도 모르는 배은망덕한 인간이 되어있었다. 어디서부터 잘못된 건지, 왜 이런 상황이 되었는지 혼란스러웠다. 믿었던 사람들한테 받은 배신감! 바닥으로 곤두박질친 자존감! 나로 인한 잘못된 인연 때문에 아픈 상처를 받게 된 남편과 아이들! 진실이 아닌 거짓이 진실이 되어 떠도는 소문을 듣게 되면서 살아갈 이유조차 잃을 정도로 피폐해져 버린 나만 남아있을 뿐이었다. 살고 싶은 의지도 살고 싶다는 생각도, 왜 살아가야 하는지도 모른 채 자책하고 또 자책만 할 뿐이었다.

쌀쌀한 초겨울 밤! 갑갑한 마음을 달래려 집을 나서 마른 풀만 가득한 하천 산책로를 걸었다. 찰랑거림 없이 잔잔한 하천을 가만히 들여다보니 물속에 비친 커다랗고 둥근달이 눈에 들어왔다. 그 달을 보고 있노라니 그리운 친정 식구들과 나를 보며 환하게 웃어주던 얼굴들이 너무나도 보고 싶어 눈물이 흘러내렸다. 얼마나 시간이 지났던가 눈물을 닦으며 일어서니 양 볼에 쓰라림이 느껴졌다. 집으로 돌아가 간단히 짐을 챙겨 자는 남편과 아이들의 얼굴을 잠시 바라본 후 집을 떠났다. 다시 돌아오지 않겠다는 마음을 품고서……

그는 나에게 그동안에 잊고 있었던 것을 깨닫게 해 준 사람이었다. 악연이라 생각했다. 많이 아팠다. 하지만 그로 인해 정말 소중한 것이 무엇인지 알게 되었다. 내가 귀한 존재라는 것! 내가 사랑받고 있다는걸! 내 주변에 나를 사랑해 주고 인정해 주고 용기를 주는 사람들이 존재한다는 것을 알게 되었다. 그 사람과의 인연이 악연이었지만 그로 인해 소중한 가족을 지킬 수 있었고, 여전히 나를 사랑하고 아껴주는 사람들이 있다는 것을 알게 되었다.

6년이 지난 지금도 여전히 힘들다. 그렇지만 그들도 지금에 나에게는 귀인이라 생각된다. 그들을 통해 내가 얼마나 사랑받고, 존중받아야 하는 사람인지 깨달을 수 있었기 때문이다. 나는 그들이 내 얼굴에서 지우고 싶었던 환한 미소도 다시 찾아가고 있다. 나는 오늘도 파란 하늘을 보며 따스한 햇살을 온몸으로 받아들이며 마음 안에 행복을 가득 채우고 민들레처럼 환한 웃음을 짓는다.

no.12

이혜원

❏ 소개

1. 자담인 푸른섬 매니저
2. 자담인 늘해랑 쇼핑몰 운영
3. 보육교사2급, 사회복지사2급 자격증 취득
4. 꾸준한 성장을 이뤄내고 싶은 사람
5. 긍정의 마인드로 삶을 채워나가는 사람

❏ 연락처

1. 블로그 : https://blog.naver.com/hwon0902
2. 쇼핑몰 : jadamin104156.jadamin.kr

눈물로 쌓은 2년,
미소로 바뀐 2개월의 기적

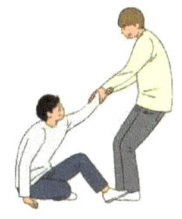

나는 어린 시절부터 마른 적 없이 통통한 체형이었다. 보기 싫은 정도라고 생각하지 않았고, 그러다 보니 체중 감량에 대해 크게 스트레스를 받지도, 강박을 갖지도 않았다.

유년기에는 먹는 것에 까탈스럽게 굴어 먹지 않는 음식이 많았다. 그나마 먹던 음식마저도 편식하며 골라 먹었던 아이였지만 점차 나이가 들고 성장할수록 먹는 것을 워낙 가리지 않고 잘 먹게 되었다. 그래서 통통한 체형이었던 나는 어느새 뚱뚱한 체형으로 변해가기 시작했고, 특히 제일 정점에 이르렀던 시기가 고등학교에 재학하는 3년 동안이었다.

공부를 썩 잘하지는 않았지만 나름대로 대학 진학을 목표로 삼아 앉아 있는 시간은 늘고 활동은 줄다 보니 56kg으로 입학했던 나는 66kg의 몸으로 졸업하게 되었다. 급격하게 체중이 붙고 살이 찌니 이중 턱, 튼살, 뱃살 등 늘어진 곳들이 속속 눈에 띄어 스트레스가 되었고 입던 옷들도 전부 맞지 않는 것을 체감했다. 그래서 '아, 내가 이대로 지내다가는 우울감에 시달리겠구나.' 하며 체중을 감량하기로 마음먹게 되었다.

그렇게 나는 수능을 마친 직후부터 '더도 말도 덜도 말고 딱 이전의 체중으로만 돌아가자.'를 목표로 하여 다이어트를 목적으로 킥복싱을 시작했다. 약 2년간을 하루도 거르지 않고 숨을 헉헉거리면서 해냈던 강도 높은 운동에 겨우겨우 10kg을 감량하는 데에는 성공했지만, 힘들게 목표와 목적을 달성하고서는 더 이상의 의지가 생기지 않아 운동을 그만두게 되었다. 그렇게 체중 감량을 위해 쏟아부었던 나의 2년이란 시간은 채 한 달도 되지 않아 수포가 되고 말았다.

운동을 그만둔 직후부터 절식하느라 참아왔던 식욕이 터졌고, 운동은 일절 하지 않은 결과로 '요요'가 찾아오고 만 것이다. 그렇다. 나는 감량 이전의 몸무게로 돌아가 버렸다.

믿을 수 없는 현실에 나는 오히려 극심한 의지 상실의 상태에 놓여 무의미하게 3년을 흘려보내던 와중에 현재 자담인 푸른섬점 대표이신 엄마 덕에 자담인이라는 회사의 '7데이 디톡스 프로그램'을 접하게 되었다.

단순히 "이 프로그램 좋으니까 해봐."라고만 권고해 주셨다면 도전하지 않았을지 모르지만 가장 가까운 사람인 엄마께서 건강을 잃으셨다가 자담인을 만나 회복되는 과정을 곁에서 전부 지켜봐 왔던 나로서 도전하지 않고는 배길 수가 없었다.

내가 7데이 디톡스 프로그램을 시작한 시기는 2023년 4월. 나는 한 달에 2회씩 격주로 프로그램을 진행했다.

그래서 결과가 어떻게 되었느냐고? 단 2개월 만에 10kg 감량은 두말할 것도 없었고, 체하면 머리가 깨질 듯이 아파 잠 못 이루던 밤이 수두룩했던 내 지난날이 꼭 거짓이었다는 듯 말끔히 사라져 버렸다. 아! 툭하면 발병했던 구내염도 함께….

  2년 동안 뼈 빠지게 운동하고 절식하며 감량했던 10kg을 단 2개월 만에 운동 없이 쉽게 감량하고 2024년 12월인 현재까지도 요요 없이 잘 유지하고 있다. 그뿐만 아니라 자주 아팠던 곳들도 완화되니 세상이 달라 보였다. 또한 '아! 아주 조금만 시각을 달리하면 수많은 선택지가 내 앞에 펼쳐지고 이전보다 현명한 삶을 위한 걸음을 내디딜 수 있구나.'를 깨달았다.

  끝으로 내가 꼭 전하고 싶은 말이 있다. 큰 수술을 받았음에도 여전히 올바른 건강법을 몰라 실천하지 못하는 친구, 수차례 다이어트를 시도하시만, 매번 실패하면서도 차가운 음식과 음료만 고집하는 친구들을 보며 스물일곱의 어린 나이에 내 몸, 내 건강을 올바른 방법으로 챙기고 지킬 수 있다는 것이 매우 큰 행운이라고 자부한다.

  그리고 이렇게 감사하고 행복한 나날을 보낼 수 있게 적극적인 지원과 아낌없는 응원을 보내주신 내 삶의 귀인, 엄마께 다시 한번 감사하고 사랑한다고 말씀드리고 싶다.

no.13

양 선

❏ **소개**

1. 여여나무연구소 대표, 여여나무연구소 출판사 대표
2. 체질 직업전문가, 기획 프로그램전문가
   당신 인생 운전대는 안녕하신가요? 책 통한 마음 상담가
3. 한국작가협회 이사겸 김해지부장, 한국자서전협회 김해지부장
4. 전자책, 공동저서, 장애전자출판, 재활전문서적, 자서전 출판 전문
5. 전자책, 종이책 기획포함 20권이상 출판 현재 계속 진행
   옴니버스 시리즈 1. 내 삶의 좌우명 2. 내 삶을 바꾼 책
   (교보문고 에세이 베스트셀러 등극)
6. 부산진구봉사센터 캠프장 가야2동 5년차

❏ **연락처**

1. 네이버 검색: 양선
2. 블로그 검색: https://bing.naverc.om/

딸은 나의 스승

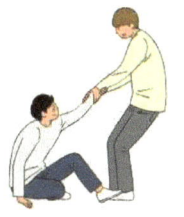

딸이 태어나고 돌이 될 때까지는 정상적으로 성장하다가 돌이 지난 후에 걷지 못하다가 21개월 만에 걸었다. 모든 부분이 또래 아이들보다 늦었던 딸은 말까지 늦었다. 그 후 아이를 데리고 소아 상담센터와 재활 센터를 다니면서 돌봤다. 머리도 마음도 모든 것에 혼란이 왔다. 공부에 관심도 없고 책을 싫어했던 난 앞이 너무 깜깜했다. 남편도 시댁도 그저 나에게 알아서 하라고 말할 뿐이었다. 그 후 친동생에게 연락해서 아이 상태를 말하고 도움을 요청했다.

당시 2000년대에는 비디오가 있었다. 아이의 행동을 비디오로 촬영하고 동생에게 전달해서 교수님께 아이 상태를 보고 어떤 방식으로 교육해야 할지 알려달라고 말했다. 며칠 뒤 동생에게 전화가 왔다. 너무나 힘든 과정이니 그냥 전문가에 맡기라고 했다. 석사 이상과 경력이 있으신 분도 힘든데, 내가 어떻게 하겠느냐는 말이었다. 충분히 이해되었다.

나도 솔직히 처음에는 엄두가 안 났다. 하지만 많은 고민 끝에 답은 하나였다. 내가 직접 집에서 아주 간단한 것부터 아이와 함께해야 한다는 생각이 들었다. 이때부터 잠자기, 일어나기, 밥 먹기, 양치질하기 등 모든 것을 말하면서 반복해야 한다는 것을 알았다. 집에서는 식생활 습관을 반복하는 방법과 센터나 공부방 또 재활 센터에서 하는 방법을 배워서 수업 갈 때까지 반복하는 것이다. 내가 집에서 할 수 있는 것은 엄마 혹은 재활 담당자라 생각하고 아이에게 계속 반복해서 진행했다. 처음은 전문가가 아니다 보니 너무 어려웠다.

  수많은 시행착오 끝에 꼭 해야 하는 것만 진행하고 나머지는 각각 전문가에게 맡겼다. 실질적으로 내가 배워나가면서 하니 어려움이 많았다. 하지만 아이는 내가 공부해서 알려 주어서 그런지 힘들지만 잘 따라와 주었다. 조금씩 익혀가고 내가 아이를 돌보면서 차후 주변에 장애인이 있어서 도움을 줄 기회가 있다면 도움을 줄 수 있을 것 같다는 생각과 용기도 살짝 생겼다.

  이런 생각을 하니 살짝 웃음이 나왔다. 아이를 돌보는 경험이 쌓이면서 전문가로 실력이 점점 만들어진다는 것을 알았다. 특히 특수교육은 내 실력에 대학 들어가서 공부하기는 힘들다. 그렇지만 아이를 돌보면서 기록을 해나가면 누구에게나 학습이 가능하다는 것도 알게 되었다.

  특히 지적 장애인 분야는 무한 반복과 신체에 리듬을 반드시 익혀야 한다는 것을 깨달았다. 사람은 태어날 때부터 똑같은 뇌를 선물 받고 태어난다. 다만, 부모의 염색체에 의해서 조금씩 신체 부분에서 다르게 태어나기도 한다. 이 부분은 개인마다 다르기에 뭐라고 딱히 정의할 수는 없다.

임신 후 염색체 분해를 통해서 출산까지 태아 염색체는 분해 활동을 하게 된다. 임신 때 스트레스는 염색체 분해에 약간의 영향을 준다고 나는 생각한다.

아이가 출산 후 성장할 때도 주변이나 환경 그리고 가족의 생활로 아이 두뇌는 채워진다. 그럼, 출산 전까지 엄마 배 속 자궁 집에서 태아가 얼마나 많은 영향을 받을까 생각을 해 봤다. 태교가 중요하다는 점은 아이를 돌보면서 더욱 많이 깨달았다. 아이와 함께 대학에 다니고 리포트도 같이 작성하고 교재도 같이 보면서 아이에게 많은 변화가 생기고 대화가 되어가고 있는 모습을 보고 너무나 기뻤다.

힘들게 보육 실습을 마무리하고 졸업했다. 졸업하는 날 진심으로 축하해주었다. 아직 재활도 반복은 해야 한다. 하지만 딸은 너무나 고맙고 사랑스러웠다. 이날 저녁 난 방에 혼자서 펑펑 울었다. 난 나 자신을 칭찬하고 싶었다. 책도 공부도 싫어하는 내가 이렇게 무언가를 할 수 있다는 자체만 해도 난 행복하다.

아이에게 진심으로 고마움 전한다.
딸은 나의 스승이자 내 삶의 첫 번째 '귀인'이다.

no.14

김미옥

□ 소개

1. 사회복지법인 제주공생 희망나눔종합지원센터 센터장
2. 한국사회복공제회 대의원
3. 2022년 5월 전안나작가와의 만남
4. 2022년 5월 31일부터 '하루 한 권 책읽기' 결단
5. 2022년 8월 10일 네이버 블로그개설(예비작가 Kim)
6. 2024년 11월 옵니버스 인생 책 50인 공저
   '내 삶을 바꾼 책, 내 인생의 산전수전' 참여
7. 사회복지사 1급, 약물중독전문가 2급, 노인지도자자격, 가폭.성폭 전문가 등 다수의 자격 소지

□ 연락처

블로그: https://blog.naver.com/k960722-

나를 변화시킨 사람들

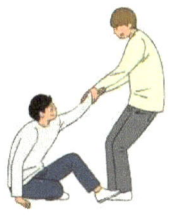

 우리 옛말에 '옷깃만 스쳐도 인연이다.'라는 말이 있다. 우리 인생에는 내 마음대로 바꿀 수 없는 것이 있다. 내가 태어난 나라와 부모는 내 마음대로 바꿀 수 없다. 반백 년의 삶을 살다 보니 이 여정 가운데 수많은 사람과의 만남이 있었다. 원하든지 원치 않든 수많은 관계 속에서 살아가는 것이 우리의 삶이다.

 지나온 삶을 돌아보며 기억에 남는 몇 사람을 추억해 본다. 유년 시절의 나는 공부에는 별 흥미도 없었고 농사일에 바쁜 부모님을 대신해 늘 동생들을 챙기는 어른 아이로 살았다. 초등학교 5학년 때 초임 발령받은 청년 선생님은 부임 첫날 교단에서 또렷이 말씀하셨다.

☑ 초등학교 담임 선생님

"하면 된다. 잘하면 승리한다는 자부심을 가져라."

 그때는 그 말의 의미를 잘 알지 못했다. 이후 고등학교에 입학했고 어쩌다 학급 간부가 되어 교육원에서 1주일 교육을 수료했다. 교육 수료 후 내성적이고 소극적이던 나는 180도 다른 사람으로 변화했다. 초등학교 때 담임 선생님의 말씀을 고등학생이 되어 조금 알게 된 것이다. 이후 청년 시절 교회에서 리더십을 발휘해서 최초의 여성회장 타이틀을 달기도 했다. 돌아보건대 초등학교 5학년 때 담임 선생님이 내 학창 시절의 귀인이었다.

☑ 남편

이후 결혼이라는 시간 속에서 독박 육아와 경력 단절이었던 나는 남편의 실직과 이직으로 인해 일과 자기 계발을 끝까지 버틸 수 있었음에 감사한다. 남편의 어려운 상황이 아니었다면 편안함에 안주하여 더 이상 노력하지 않을 수도 있었다. 그래서 나의 발전과 내·외적 성장의 발판이 남편이었음을 고백한다.

실제적인 가장이 되었기에 남보다 더 열정적으로 내 임무에 임했고 갈급함이 있었기에 더 공부하기를 게을리하지 않았다. 경력 단절 기혼여성으로서 사회복지에 입문한다는 것이 쉬운 일은 아니었다. 사람이 사람을 지원한다는 것은 소명이고 사명이었다.

☑ 제주공생 박정해 원장님

제주공생에서 처음 만난 박정해 원장님은 설립자이시며, 2대째 사회복지사업을 운영하며 인간 사랑과 생명 사랑을 실천하고 계셨다. 예수님처럼 생명을 살리는 일에 헌신하는 모습은 나의 멘토이자, 롤모델이 되어주었다.

그분은 원칙을 가지고 투명하게 사업 운영을 하셨다. 나는 원장님의 운영 방침을 공유하며 나도 원장이라는 마음으로 임했다. 나무보다 숲을 보며 나도 더불어 성장하며 오늘에 이르렀다. 만나는 모든 클라이언트를 내 가족처럼 존중하고 섬기며 지원했다. 이런 작은 섬김으로 새내기 초임 사회복지사는 중간관리자로, 실무책임자인 센터장으로 세움을 받게 되었다. 초심을 기억하며 남은 임기 동안도 취약계층과 소외된 이들에게 디딤돌이 되고 버팀목이 될 것을 다짐한다.

☑ 전안나 작가님
 지금 책을 읽고 글을 쓸 수 있는 계기가 되어준 전안나 작가님과의 만남은 새로운 길을 걸어갈 수 있는 가이드가 되어주었다.

☑ 100권작가 나연구소 우경하 대표
 마지막으로 나연구소 우경하 대표님이 올해 내가 만난 귀인이다. 마음의 소원을 두고 글쓰기를 계획하였지만 실행하기를 주저할 때 '하루면 쓸 수 있을 거예요.' 라고 응원해주었기에 베스트셀러 공동 저자로 기쁨을 누리게 되었으니 감사하다.

 며칠 전 읽은「독서기록」안예진 작가님의 에필로그에서 말했던 것처럼 '독서와 기록으로 변화된 나의 삶에서 가장 감사한 것은 독서하고 글을 쓰고 싶은 사람들의 성장에 기여할 수 있다는 점이다.' 라고 말한 것처럼 나도 이 고백을 꼭 하겠다.

no.15

최현주

❏ 소개

1. 프리타라인 대표
2. 부산지역사회교육협의회 책임강사
3. 에니어그램 전문 강사,
4. 관계소통 교육 전문 강사
5. 저서: 내 삶을 바꾼 책, 내 삶의 산전수전
   질풍노도와 소통하기
   안녕? 엄빠야 넌 누구니?
6. 온라인 오프라인 2000회 이상 강의 코칭

❏ 연락처

1. 블로그 : ds5chg23, tofhdna1215
2. 인스타 : preeta.choe2
3. 네이버 검색 : 최현주

아무도 대신 살아주지 않아

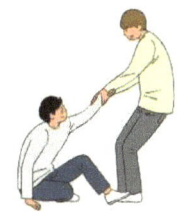

우리는 각자 처한 위치에서 무엇을 하느냐에 따라 배움과 성장의 양과 질이 달라진다는 사실을 알고 있다. 배움과 성장은 혼자서는 이루어질 수 없으며, 아무것도 하지 않으면 아무일도 일어나지 않는다. 누구든 무언가를 시도할 때 비로소 배움과 성장이 이루어지는 것이다. 이 과정에서 우리는 타인의 영향력에 의해 더 나은 삶을 찾을 기회를 얻게 된다.

어린 시절과 청년기를 보내면서 나는 인생의 멘토나 길잡이가 부족하다는 것을 느꼈다. 나뿐만 아니라 그 시절의 많은 사람이 비슷한 상황에 처해 있었던 것 같다. 대부분 부모님은 자녀를 먹여 살리느라 자녀의 더 나은 삶을 위한 가르침까지는 여력이 없었다. 이러한 환경 속에서 나 역시 오빠와 언니를 따라 고등학교를 졸업하고 사회생활에 뛰어들었다. 그래서 그랬는지 나를 위한 삶, 더 즐겁고 흥미로운 삶을 살기 위한 방법이나 수단은 전혀 없었다.

첫 직장인 변호사 사무실에 입사한 후, 나는 집과 회사, 집을 반복하며 하루하루를 살아갔다. 그러던 어느 날, 오빠의 친구가 저녁을 먹으러 집에 놀러 왔다. 그는 나를 아끼고 자주 이야기를 나누던 사이였지만, 그날은 특별한 대화가 오갔다. 그는 요즘 직장생활이 어떤지, 재미있는 일은 없었는지 물어보았다. 나는 "사는 게 그렇지 뭐"라는 대답을 하며 대화를 이어갔다. 그러던 중, 그는 나에게 5년 후, 10년 후의 특별한 계획이 있는지 질문했다. 그 질문에 나는 아무 말도 할 수 없었다. 내 인생에 대한 어떠한 계획도 목표도 없이 그저 하루하루를 보내고 있었기 때문이다.

그는 내가 나이가 들어도 지금처럼 직장 생활을 하며 생활비를 보태주며 지낼 것인지 물었다. 나는 "그렇지 그럼 내가 무엇을 할 수 있다고 생각해? 오빠도 뻔히 우리 집 사정 알면서…"라고 대답했다. 그는 묵묵히 내 이야기를 듣고 있다가, "네가 나중에 나이 들어 30대, 40대가 되어서도 아무런 변화와 성장 없이 그렇게 살고 있으면 부모님과 가족들이 잘했다고 할 것 같아?"라고 물었다. 그 질문은 내 마음에 깊은 여운을 남겼다

그는 계속해서 "그때 너는, 우리 때문에 그렇게 살았구나. 미안하다, 혹은 잘했어! 하면서 너에게 박수쳐 줄 거 기대하고 있니?"라고 덧붙였다. 나는 아무 대답도 할 수 없었다. 아무도 나에게 그렇게 살라고 강요한 것은 아니었기 때문이다. 그의 질문은 나에게 큰 충격이었다. 그는 "*너는 누구를 위해 사는 거니? 그게 너의 인생이야? 너는 너를 위해 살아가는 거야. 아무도 네 인생을 대신 살아주지 않아. 네 삶의 모든 것은 네가 선택하고 결정하고 살아가는 거야!*"라고 말했다.

그 말은 나에게 큰 깨달음을 주었다. 나는 그동안 주어진

환경에서 눈치껏 오빠와 언니가 하는 대로만 살아왔다고 느꼈다. 그와의 대화는 나를 움직이게 했고, 내가 주도적으로 삶을 살아갈 수 있도록 도와준 중요한 계기가 되었다. 그날 이후, 나는 차츰 나의 꿈과 목표를 찾기 시작했다.

그의 조언 덕분에 나는 대학 진학을 결심하게 되었다. 가정 형편이 어려워 야간대조차 생각하지 못했던 나는 직장 생활을 하며 공부할 수 있는 방송대가 있다는 사실을 알게 되었다. 그의 권유로 방송대에 진학하게 되었고, 점차 내가 하고 싶은 것들을 하나씩 도전해 나가기 시작했다.

그와의 짧은 대화는 나를 조용히 집에만 있던 상태를 벗어나 움직이게 해주었고, 내가 진정 원하는 삶의 방향으로 나아갈 수 있도록 이끌어 주었다.

현재 나는 교육업에 종사하며 초등학생부터 중고등학생, 청년들, 그리고 성인과 시니어까지 다양한 계층과 소통하고 있다. 나이와 상관없이 자신의 정체성을 찾지 못하고 방향성을 잃은 분들에게 긍정적인 영향을 미칠 수 있도록 항상 열린 마음으로 경청하고 소통하고 있다.

이렇게 내 삶을 바꿔준 멘토인 그는 나에게 큰 귀인이 되었다. 그의 조언과 지지가 없었다면 나는 지금의 나로 성장하지 못했을 것이다. 나는 그를 통해 더 나은 삶을 향해 나아갈 수 있었고, 그 경험을 바탕으로 다른 이들에게도 선한 영향력을 미치고 싶다.

삶의 주인공이 되는 것은 결코 쉬운 일이 아니지만, 그 첫 걸음은 누구나 내디딜 수 있다는 것을 믿는다.

no.16

최민수

❏ 소개

1. 민싸이트 북스(MinSight Books) 대표 및 저자
2. 인천형 시민교수: 고객의뢰 맞춤형 융합 교육(강의)
3. 교육과 창작
   - 교육: 맞춤 강의로 배움과 긍정적인 변화를 도모.
   - 창작: 진솔한 이야기로 공감과 희망의 메시지를 전함.
4. 자격과 전문
   - 인문학지도사, 사회복지사 1급, 직업 및 심리상담사, 직업능력훈련교사, 문해교육교원, 스마트 IT 지도사
   - AI 전문가 1급, NCS 7개 강사 등 총 38개 자격 취득

❏ 연락처

1. Email: sonofgod2221@gmail.com
2. 네이버, 페이스북, 인스타그램, 스래드 검색 〈최민수〉

세종대왕과 이순신 장군
문과 무를 겸비한 나의 길

어린 시절, 국민학교 도서관에서 처음 접한 세종대왕과 이순신 장군의 이야기는 내게 큰 감동과 깨달음을 주었다. 그러나 그 감동이 더욱 깊어진 순간은 광화문 광장에서 부모님의 손을 잡고 두 위인의 동상을 마주했을 때였다. 세종대왕의 자애로운 모습과 이순신 장군의 굳건한 모습은 마치 그 자리에서 나에게 말을 걸어오는 듯했다.

그날 부모님은 내 손을 꼭 잡고 말씀하셨다. "세종대왕은 백성을 위해 글을 만들었고, 이순신 장군은 국가와 민족을 위해 목숨을 바쳤다. 너도 배움을 통해 성장하고, 그것을 나누는 삶을 살면 좋겠다. 우리도 너희를 위해 최선을 다해 살아왔으니, 너도 사람들에게 도움이 되는 훌륭한 사람이 되길 바란다." 이 말씀은 어린 나의 마음에 깊이 새겨졌다. 그 순간, 나는 결심했다. "나도 커서 저분들처럼, 그리고 부모님처럼 훌륭한 사람이 되어야겠다."

☑ 세종대왕: 배움과 창의의 선구자

세종대왕은 "백성이 근본이다(民爲邦本)"라는 철학을 바탕으로 민본주의 정치를 펼쳤다. 그는 훈민정음을 창제하며 백성들에게 글을 배우고 소통할 기회를 열어 주었고, 이를 통해 삶의 질을 높이고 국가의 경쟁력을 강화했다. 그의 혁신은 단순히 한글 창제에 머물지 않았다. 농업, 과학, 음악 등 여러 분야에서 실용적이고 체계적인 변화를 이끌며 국가와 민족의 문화를 꽃피웠다.

나는 세종대왕의 가르침을 따라 현재 늦깎이 대학원생으로 학문의 길을 걷고 있다. 학문은 단순히 지식을 쌓는 과정이 아니라, 이를 통해 사회에 기여하는 방법을 배우는 여정이다. 특히 인천형 시민 교수로 활동하며 배움과 나눔을 실천하는 일은 세종대왕이 강조한 민본정신과 닮아있다. 문해 교육을 통해 글을 가르치고, 이를 통해 사람들의 삶에 긍정적인 변화를 주고자 하는 나의 활동은 그의 철학에서 비롯된 것이다.

공직 생활에서도 그의 가르침은 큰 영향을 끼쳤다. 나는 기획과 총무, 행정 업무를 맡으며 복잡한 문제를 체계적으로 정리하고, 명확한 문서를 작성하며 소통을 원활히 하는 데 그의 기획력을 떠올렸다. 세종대왕의 *"생각을 다스리는 자가 일을 다스린다(心治者事治也)"* 라는 명언은 내 삶의 중요한 지침이 되었고, 공공 프로젝트와 업무를 성공적으로 수행할 수 있는 기반이 되었다.

☑ 이순신 장군: 용기와 헌신의 상징

이순신 장군은 절망적인 상황에서도 흔들리지 않고, 모든 가능성을 끝까지 찾아내며 싸운 영웅이었다. 그의 "신에게는 아직 12척의 배가 남아 있습니다"라는 말은 나에게 절망 속에서도 희망을 잃지 말라는 메시지로 다가왔다.

어린 시절, 나는 친구들과 함께 이순신 장군을 흉내 내며

대장이 되어 놀곤 했다. 전쟁터에서 나라를 지키는 지휘관처럼 친구들을 이끌며 어려움을 헤쳐 나가는 놀이는 내게 리더십과 책임감을 심어준 경험이었다. 자라면서 그의 이야기는 놀이에서 그치지 않고, 내 삶의 깊숙한 곳에 뿌리내렸다.

공직 생활 중 비서실장과 의전팀장으로 근무하며 대규모 행사와 의전을 책임졌던 나는 그의 리더십을 본받아 돌발 상황에서도 침착함을 유지하려 노력했다. 행사와 프로젝트에서 예상치 못한 문제가 생길 때마다, 이순신 장군의 결단력을 떠올리며 팀원들과 협력하여 최선의 결과를 도출하고자 했다. 그의 전술적 사고와 창의성은 내가 공직과 강의 활동에서 난관에 직면했을 때, 해결 방안을 모색하는 데 큰 영감을 주었다.

강사로서 나는 그의 리더십을 본받아 수업을 체계적으로 구성하며, 학습자들에게 명확하고 실질적인 도움을 주고자 한다. 그의 **"죽고자 하면 살고, 살고자 하면 죽는다(必死卽生, 必生卽死)"**라는 명언은 내 삶의 자세를 되돌아보게 하고, 모든 일에 최선을 다해야 한다는 가르침을 준다.

☑ 文과 武를 겸비한 삶을 향하여

세종대왕과 이순신 장군은 각각 배움과 창의, 용기와 헌신을 상징하며, 내 삶의 두 축이 되었다. 세종대왕은 지혜와 창의로 국가와 민족을 발전시켰고, 이순신 장군은 용기와 희생으로 국가와 민족을 지켰다. 나는 이 두 위인과 부모님의 가르침을 바탕으로 文과 武를 균형 있게 실천하며, 강사와 작가로서 사람들에게 영감을 주고 실질적인 도움을 주고자 한다.

no.17

조현례

❏ 소개
1. 82세 조현례 할머니
2. 부산 진구 가야 2동 거주하는 주민

❏ 연락처
전화: 010-9052-4991

나의 자식들

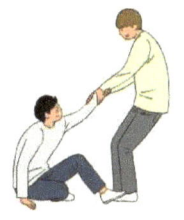

난 82세 할미다. 결혼을 좀 일찍 했고 2남 2녀를 두었다. 결혼하고 나니 남편은 평생 아무것도 하지도 않는 사람이었다. 정말 그냥 옛날 양반집 양반 아들이다. 나는 우리 집 가장이었다.

아이들은 낳고 키우려니 내가 움직일 수밖에 없었다. 30년 넘게 직장을 다녔고 첫 직장은 신발 공장에서 15년을 일했다. 두 번째는 조립하는 공장을 15년 다녔고 그 후 자동차 제조업 하청 업체에서 3년 정도 일을 했다. 딸이 산후조리를 도와달라고 해서 그 뒤로 직장을 그만두고 도와주면서 생활했다.

이렇게 직장을 다니면서 아이들을 키웠다. 자식들은 모두 다 효자 효녀다. 큰아들은 내가 먹을 것을 잊지 않고 꼭 챙겨주고 큰딸은 자주 집에 온다. 집에 와서 같이 밥 먹고 함께 놀다가 저녁이면 만들어 놓은 밑반찬을 들고 간다. 막내는 전화로 항상 인사를 한다. 작은아들도 나름대로 나에게 안부 전화를 한다.

다들 나에게 귀인 같은 에너지다. 그중 굳이 말한다면 맏이가 참 고맙다. 난 많이 먹지는 않지만, 먹는 것을 즐긴다. 아들은 꼭 먹거리를 빼놓지 않는다. 머리는 좋은데 공부하기 싫어해서 고등학교만 졸업하고 좀 일찍 사회생활 했다. 큰아들은 좋은 기술을 가지고 있다. 재단사다.

  기술이 있어서 그런지 코로나 때 힘들어도 잘 이겨 내곤 했다. 큰아들은 자신이 아무리 힘들어도 엄마인 나를 먼저 생각한다. 일하고 돌아오면 아프지 않을까! 식사는 잘 챙겨 드실까! 하고 매일 챙긴다. 또 맛난 것 있으면 항상 나를 생각해서 꼭 사 들고 온다. 다른 아이들과 다르게 무뚝뚝하다. 표현을 잘 안 하지 않지만, 기본 천성은 바로 갖추었다.

  큰아들을 내가 이렇게 생각 하고 있는 것을 다른 아이들이 알더라도 서운해 하지는 않을 것이다. 나는 아닌 것은 아니고 맞는 것은 맞다고 말하는 직선적일 성격이다. 나는 큰아들이 제일 효도를 잘하는 효자라고 생각한다. 큰아들이라서가 아니라 부모님 어른을 알고 어떤 것이든 맛난 것을 꼭 챙겨준다.

  살면서 둘째 아들 다음으로 제일 아픈 손가락이다. 결혼 후 2022년도 큰 며느리가 먼저 세상을 떴다. 그래서 마음이 더 쓰인다. 생각하니 또 눈물이 난다. 주변에 사람들이 나에게 큰아들 칭찬을 많이 한다. 어른을 공경할 줄 알고 엄마를 늘 생각하고 있다고, 챙겨주고 신경쓰는 것을 보며 아무나 하지 못할 것을 큰아들이 한다고 하고 큰아들을 칭찬하니 나도 덩달아 기분 좋다. 약간의 단점은 소비를 많이 하는 경향이 있지만 자신의 일을 잘하고 하니 그런 것은 아무것도 아니다.

  친구들이 각자 다들 한마디씩 한다. 한 친구는 아들 다 소용없다고 딸이 제일 좋다, 딸은 비행기를 태워 준다고 한다. 그래서 한바탕 웃기도 했다. 또 다른 친구 난 그래도 아들이 좋다고 한다. 제각기 다 생각하기 나름인 것 같다.

 나에게는 아들이고 딸이고 상관없이 효녀고 효자인 자식이 있다. 어떤 봉사자가 그런 말 했다. 나더러 "어머니는 신세대 할머니네요." 라고… .

 자식 말을 하고 보니 얼마 전 12월 17일이 큰아들 생일이었다. 생일 때만 다가오면 참 마음이 아프다. 혼자 된 지 3년이 지나니 마음이 많이 늘 아프다. 먼저 간 며느리에게는 미안하다. 하지만, 짝을 만나서 행복했으면 하는 마음이 남아있다. 엄마 마음은 자식들이 그저 건강하고, 다들 잘 되어 주길 바라는 마음이다.

 네 남매 중 큰아들은 나를 좀 더 챙겨주면서 다른것 걱정하지 말라고 말도 해 준다. 성인 되고 나니 나를 생각하는 것이 옛날과 좀 달라졌다. 다리가 아프면 어떻게 아프냐고 말도 해주고 꼭 식사 잘 챙겨서 먹으라는 말도 한다. 나이가 들면서 잘 드셔야 잘 주무시고 병도 이겨 낸다고 말한다.

 아마 큰아들이 현재 62세일 것이다. 갑자기 내 아들 나이도 생각 안 난다. 나이가 들어가니 내가 혼자 있는 것이 언제나 마음에 걸리는 것 같다. 두서없이 적은 글에 딱 한 마디 하고 싶은 것은 "내 아들딸들이 고맙다. 이 엄마가 너무나 사랑한다." 이런 말을 남기고 싶다.

no.18

조성연

❏ 소개
1. 병영생활 전문 상담관
2. 의정부 가정법원 상담 위원
3. 인지 재활 놀이상담사 자격 과정 운영
4. 한국 인지 재활 놀이연구소 소장
5. 네이버 베이비 뉴스 -조성연 칼럼니스트
6. '군대가 장난이냐?' 전자책 작가
7. 꿈나래 출판 운영

❏ 연락처
1. 네이버 검색: 조성연
2. 블로그 검색: 한국 인지 재활 놀이연구소

난 부모님의 유산을
받지 않았다

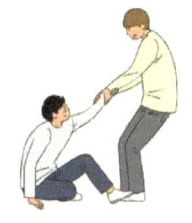

유난히 햇살이 따사로운 날, 내 생각에 일곱 살 정도였던 것으로 기억한다. 마루에서 고구마를 먹다가 무슨 이유인지 모르지만, 부모님이 심하게 다투었고, 난 고구마를 먹고 싶었지만 먹지 못하고 슬그머니 싸리문 밖으로 나왔다. 마침, 옆집에 사는 친구가 밖에서 우리 집에서 나는 큰 소리를 듣고 있어서 친구와 바닷물이 빠진 모래사장으로 갔다. 우리가 가는 길에 모세의 기적처럼 게들이 자기 집으로 도망쳐 들어가는 것을 보고 깔깔깔 웃으며 뛰어다녔다.

얼마나 놀았을까, 친구는 자기 집으로 갔고, 나도 집으로 들어서는 순간 술상이 마당에 엎어져 있고, 부모님은 안 보였다. 엄마를 불렀지만, 대답이 없었다. 난 마당에 엎어져 있는 술상을 정리하고 남은 고구마를 먹고 마루에 앉아 있는데, 엄마가 오른손에 붕대를 감고 들어왔다. 옷에 피가 묻어 있는 걸 보니 또 아버지와 한바탕하고 다친 모양이다. 엄마는 나에게 "어디 쏘다니다 왔냐?" 말하고 "큰아버지 데리러 간 줄 알았구만..." 원망하는 투의 말을 남기고 부엌으로 가셨다. 부모님이 싸우면 늘 큰아버지한테 가서 말려달라고 했고, 큰아버지는 우리 집에 오셔서 동생인 우리 아버지를 혼내시곤 했다. 습관처럼 부모님이 싸우면 무조건 큰 아버지게 달려갔었다. 아버지의 직업은 어부셨고, 낚시를 하거나 그물로 고기를 잡아 오시면 어머니는 시장에 나가 돈으로 바꿔오시는 일을 하셨다. 자주 엄청 큰 고기를 낚아서 오셨고, 그 고기를 팔아서 가전제품들을 하나둘 사 오셨다. 우리 동네에서 TV, 전축, 재봉틀 등이 늘어나서 좋았다. 아버지는 바람이 불어 바다에 나가지 못한 날이면 노름(화투)을 했다. 그 때문에 엄마의 잔소리와 욕은 심했고, 아버지는 술을 마시고 들어와서 집에 있는 가전제품들을 마당으로 내동댕이쳤고, 재봉틀을 화장실(재래식)에 던졌는데, 재봉틀을 건지며 울었던 엄마의 모습이 지금도 선하다.

　어느 날은 또 술을 마시고 들어와서 엄마를 찾아서 '잘 모르겠다.' 했더니, 엄마가 시집올 때 가져온 예쁜 수가 놓인 커튼을 뜯어서 불을 질렀다. 만나면 싸우고, 없으면 찾았다. 4남 2녀 우리 형제들은 부모들의 이런 모습들을 그대로 보며 자랐고, 언니는 초등학교 졸업이 후 산업학교로 간다고 객지로 나갔고, 오빠도 중학교 졸업하고 학교를 도시로 갔다. 부모님이 싸우고, 칼을 들거나, 불을 지르는 일들이 반복되었다. 어머니는 이런 삶이 싫어서 바다에 빠져 죽겠다고 자살을 시도한 적도 있고, 그게 실패하자, 오빠가 있는 도시에서 돈 벌어서 오빠 뒷바라지한다고 집을 나갔다. 아버지도 남은 우리를 두고 섬으로 엿 장사 한다며 갔고, 나는 동생들을 데리고 생활했고, 큰 아버지께서 우리를 돌봐 주셨다. 나는 중학생 시절을 이렇게 보냈다. 동생들 도시락을 싸서 학교 보내고, 소녀 가장으로 지냈고, 옆집 친구는 학교에 우리 집 부모가 없다고 흉보며 친구들한테 말해서 그 친구가 미웠다. 그 후 나는 매우 내성적으로 변했다. 학교 끝나면 친구들과 놀 시간도 없이 바로 집으로 와서 동생들을 돌봐야 했다. 그 흔한 가족여행 한번 없었고, 제대로 된 가족사진 한 장 없는 가족이 가족 같지 않아 원망도 했었다. 이런 부모님은 나에게 많은 교훈을 주었다. '난 아버지 어머니처럼 살지 말아야지. 난 내 자식을 낳으면 사랑으로 키우고, 가족여행도 다니고 사진도 많이 찍어줘야지'라고 다짐했다. 이런 말은 어머니가 살아생전 나에게 해주던 말이기도 했다.

내 가정이 행복 하려면 어떻게 해야 하나 늘 고민했었는데, '술 먹고 폭행하는 남자는 절대 만나지 말자. 종교가 있었으면 좋겠다. 욕하는 사람은 만나지 말자. 나를 존중하고 사랑하는 사람을 만나야겠다. 그런 사람이 없다면, 난 결혼하지 않고 수녀가 되어야겠다.' 이렇게 나름대로 다짐했었다.

'어쩌면 이런 가정에서 자란 내가, 아프고 힘들었던, 불행들을 경험했기 때문에 현재의 행복한 가정을 만들 수 있지 않았을까?'라는 생각도 해 본다. 진정으로 나를 만들어 준 귀인은 부모님이다.

두 분 모두 하늘에 별이 된 지 10년(어머니), 2년(아버지), 오랜 시간이 지났다. 그들이 살다 간 인생이 너무 불쌍하고 측은한 생각이 들었다. '한 번 살다 갈 인생인데....' 이 생각만 하면 눈물이 난다.

"아버지, 어머니 나에게 귀인이 되어줘서 너무 감사합니다.

우리 부부와 당신들의 손자들은 행복하게 잘 살고 있습니다.

저는 제 자식들에게 좋은 유산을 남기려고 노력하고 있습니다."

no.19

차경숙

□ 소개
1. 자담인 푸른섬점 대표
2. 자담인 푸른섬 쇼핑몰 운영
3. 전 세교공방 운영
4. 전 유니클레이 지부장
5. 전 쿠키앤클레이 센터장

□ 연락처
1. '자담인 푸른섬' : 031-658-7102
2. 블로그 : https://blog.naver.com/jadamin_pureunsum
3. 자담인 푸른섬 쇼핑몰 : jd101130.jadamin.kr

내 삶의 귀인
윤민영 대표님과 자담인

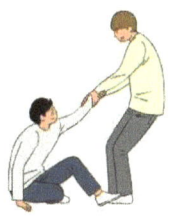

☑ 제1장 : **고통의 시작**

 2010년 5월, 평범한 일상 중 갑작스럽게 맞닥뜨린 갑상선 암 진단과 전 절제 수술에 내 삶은 송두리째 흔들렸다. 수술 후 심각한 전신 경직이 왔고 한 시간이 넘도록 주물러도 풀리지 않아 응급실로 향했다. 응급실에서는 익숙한 듯 칼슘 수액을 처방했고 그제야 진정되었다. 의료진은 일시적인 현상이라 말했지만, 그들의 말과는 달리 쉬이 나아지지 않았다.

☑ 제2장 : **8년간의 터널**

 대부분의 환자가 시간이 지나면 증상이 호전된다지만 내 경우는 달랐다. 사지 저림 증상은 마치 나와 한 몸인 듯 '8년' 동안 나를 옥죄었다. 저릿한 몸으로 하루를 시작하고 밤에는 불면에 시달렸다. 병원을 전전했지만, 의사들은 그저 "시간이 지나면 좋아질 겁니다."라는 말만 반복했고, 나는 그 실낱같은 희망을 지푸라기라도 잡는 심정으로 붙들고 살아야만 했다.

☑ 제3장 : **운명적인 만남**

　모임에서 만난 윤민영 대표님이 고혈당으로 고생하다가 자담인 건강법으로 건강을 되찾았다는 스토리를 들었다. 그중에도 칼슘 부족이 문제인 나에겐 당연하게도 '칼슘'이라는 단어만이 뇌리에 꽂혔다. 그리고 마치 어두운 터널 속 한 줄기 빛을 발견한 것 같았다. 단순한 증상 완화가 아닌 근본적인 건강 회복의 가능성을 본 것이다.

☑ 제4장 : **자담인과의 첫 만남**

　2018년 9월, 처음 자담인을 접하고 그동안 나의 생활 습관이 몸을 망쳤다는 걸 깨달았다. 찬 음식과 냉수를 즐기고, 더운 날엔 어김없이 아이스커피를 찾던 과거가 부끄러웠다. 이런 습관들이 내 건강을 좀먹고 있었다는 사실을 그때는 왜 알지 못했는지 후회가 되었다.

☑ 제5장 : **놀라운 변화의 시작**

　자담인 프로그램을 시작한 지 10일 만에 8년을 괴롭히던 사지 저림이 사라지는 기적을 경험했다. '일시적인 현상일까?' 했지만 증상은 점점 호전되었다. 더불어 툭하면 찾던 소화제에 의존하지 않게 되었고, 자주 병원을 찾던 습관까지 사라졌다. 몸이 나아지니 마음에도 변화가 일었다.

☑ 제6장 : **새로운 삶의 시작**

　자담인과 함께한 지 어언 7년. 건강을 되찾은 나는 2년 차

가맹점주가 되어 다른 이들의 건강한 삶을 돕는 위치에 서게 되었다. 윤 대표님 덕에 이제는 내가 타인에게 건강의 소중함을 알리고 더 나은 삶으로의 변화를 돕는 길을 걷게 된 것이다.

☑ 제7장 : **감사와 새로운 꿈**

내 삶의 진정한 귀인, 최송철 원장님과 조혜숙 본부장님께도 감사드린다. 두 분의 가르침은 건강 회복 + 삶의 의미를 찾게 해주었다. 그리고 윤 대표님의 따뜻한 리더십은 내가 본받고 싶은 가장 큰 덕목이다.

☑ 제8장 : **새로운 여정을 시작하며**

건강을 되찾고 삶이 변화한 내 이야기를 다른 이들과 나누며, 더 많은 사람이 건강한 삶을 누릴 수 있도록 돕는 것이 나의 사명이다. 이제 나도 누군가의 삶을 변화시키는 귀인이 되고자 한다. 건강을 되찾고 삶의 의미를 발견하는 데 큰 도움 주신 윤민영 대표님과 자담인에 감사를 표한다.

no.20

박향숙

❑ 소개

1. 홍익 앙상블 단장
2. 국내외 미술작품전시회 다수
3. 학교 방과후교실, 문화센터 미술, 음악 강사
   지역아동센터, 지자체 미술 음악 강사
4. (사단법인)대한민국 부산미래 유권자총연맹 위촉 강사
5. 미술심리 상담교사 / wee class 상담교사
6. 고신의료원 우쿨렐레 동호회 강사

❑ 연락처

이메일: angry0123@naver.com

내 아버지

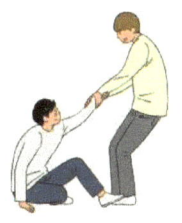

　내 아버지는 포항 바닷가 끝 마을에서 10남매의 막내로 태어났다. 제일 큰형수님의 아들과 같이 태어났다. 시어머니와 며느리가 아기를 같이 출산한 일은 그 옛날엔 동네 흔한 에피소드다. 어머니는 늙으셨고 형수님은 조카만 챙기느라 내 아버지는 늘 배를 곯고 살았다.

　자라면서 배고픔은 그림자처럼 따라다녔다. 6.25 전쟁 때 군대 가면 밥은 배불리 먹을 거라 믿고 자원입대했으나 그곳에서도 고사리만 캐어 밥 대신 배를 채웠다. 내 아버지의 다리에는 총상 자국이 있고 평생을 비 오는 날은 다리 아픈 날이었다. 아버지도 2남 2녀의 부모가 되었다. 네 남매 중 셋째인 나에게 유독 사랑을 퍼부어 주셨다. 나를 낳은 뒤부터 살림살이가 확 펴졌다고 한다. 언니, 오빠, 남동생은 아버지를 무서워했다. 나에게는 아버지가 세상 좋은 친구였다. 아버지는 내가 어릴 때 배에 물품을 대어주는 일을 하셨다. 그러다 보니 생선이나 오징어가 상자로 들어왔다. 한 번도 집으로 가져오지 않고 그대로 신작로에 풀어 동네 사람들을 불러 그 자리에서 다 나누어 주었다.

　항상 나누고 베풀고 배려하는 모습이 어린 나에게도 참 좋아 보였다. 특별히 아버지의 사랑을 듬뿍 받은 나는 그 사랑에 의해 매사 자신감이 넘치고 당당하며 용기 있게 도전하는 걸 두려워하지 않는 밝고 씩씩한 어른으로 성장해 갔다. 내 아버지는 세상을 바꾸어 놓은 위인도 아니며 유명인도 아니다. 하지만 아버지가 내 곁에 계시는 것만으로도 좀 가난한 삶도, 부족한 환경도 늘 가득 차고 넘침을 느낄 수가 있었다.

　새벽마다 등산을 가시면 길가에 풀이나 잡초를 베어 정리하신다. 사람들 다니는 등산길 편하고 안전하게 다니라고. 그리고 아버지는 땀이 범벅이 되어 오신다. 그런 모습을 보고 "아이고 아버지 그만 하세요. 어깨도 아프신데 누가 알아주지 않는데 왜 그렇게 고생하세요?" 그러면 항상 "어허~ 아버지가 조금만 고생하면 많은 사람이 편하고 안전하게 등산할 수 있는데 누군가가 해야 할 일이면 아버지가 하면 좋지. 다 죽으면 썩어질 몸인데" 하시고는 그 사람 좋은 웃음을 지으셨다.

　그런 아버지에게 암이 찾아왔다. 그때는 의약분업이 한창이라 병원이 거의 마비 상태가 되었다. 동네 준 종합 병원에서 3~6개월이란 시한부가 떨어졌을 때 이렇게 성실하시고 건강한 분이 무슨 암이란 말인지 믿어지지 않았고 받아들일 수가 없었다. 많은 분의 도움으로 아버지는 입원할 수 있었고 때마침 담도암을 수술할 수 있는 교수님이 계셔서 수술할 수 있었다. 회복 기간에 아버지에게는 그동안 베푸심을 돌려받는 아름다운 모습들이 넘쳐났다. 동네 아저씨는 아버지에게 드린다고 밤새 낚시를 하셔서 싱싱한 고기를 잡아 구워 주시고 흰죽, 녹두죽, 호박죽 등 매일 다른 죽을 끓여 가져다주시고 병간호하는 엄마가 건강해야 한다며 어머니의 반찬도 바리바리

보내주셨다. 3개월이라 했는데 아버지는 딱 5년을 더 사셨다. 암과 같이 사는 삶이란 결코 쉽지 않았지만, 5년 동안 많은 사람에게 사랑을 듬뿍 받으시고 남은 우리에게 아쉬움과 그리움만 가득 남겨 놓고 가셨다.

아버지의 수술 후 나는 딸을 출산했다. 그런데 나는 내 딸에게 아버지에게 받은 사랑을 돌려주지 못했다. 5년의 병원 생활은 결코 쉽지 않았다. 임신 중에도 출산할 때도 아이와 함께했다. 아이에게 지쳐가는 나와 함께 하는 할아버지의 병원 생활이 쉽지만은 않았고 나 역시 아이에게 본의 아닌 행동을 할 때도 있었다. 내 아이를 너무 사랑하지만, 아이에게는 시간이 많이 남아있으니 좀 있다 잘해줘도 되리라 생각했다. 참 뼈아픈 실수였다.

어린 딸이 많이 힘들어서 때때로 보채고 고집도 부리고 자신의 힘듦을 표현해도 그냥 모른 척 외면할 수밖에 없었고 애꿎은 딸에게 화풀이하기도 했다. 시간이 흘러 딸이 쑥 커버리고 나서 내가 감당하기 어려운 폭풍이 날 집어삼킬 줄 그때는 몰랐다. 딸에게 더 인내하고 딸의 상처에 미안함을 표하며 진심으로 사과하니 딸의 마음도 조금씩 녹아내렸다. 가끔 나에게 고맙다고 하며 고생했다 토닥여 주는 딸 덕에 실수와 잘못을 인정하는 걸 배웠고 참는 법도 배우고 있다. 아버지에게 받은 사랑을 딸에게 주지 못한 실수를 통해, 삶을 하나씩 배우고 느끼며 산다. "아버지! 아버지가 내 아버지라 너무 감사합니다. 사랑합니다.". "딸아 내 딸이라 정말 고맙구나. 사랑한다."

내 삶의 귀인

3장. 내가 보지 않았을 뿐이다

21. 박해리 내가 보지 않았을 뿐이다	**22. 박명옥** 나를 살리신 내 삶의 귀인
23. 한기수 이름 모를 소주 철학자	**24. 김지영** 엄마의 선물
25. 서창균 귀인은 내 안에 있다	**26. 문선화** 인생의 나침반이 되어준 네 귀인
27. 이형은 힐링문화재단 김능기 총재	**28. 김민주** 내 삶을 바꾼 귀인들
29. 한민정 서로에게 기둥처럼	**30. 육영애** 나의 버팀목인 엄마

no.21

박해리

❏ 소개

1. Italy Milano International Music Festival Orchestra 연주
2. 2024 삿포로교류오케스트라 연주
3. 이음심포니커 대표

내가 보지 않았을 뿐이다

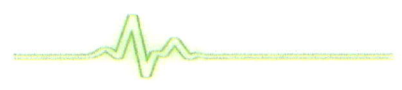
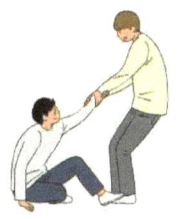

　어머니께서 지병으로 고생하시다 하늘나라로 가신 후, 아무 생각 없이 숨만 쉬다가 남은 가족이 떠올라 문득 일어나 보니, 한 달이 훌쩍 지나있었다. 그 후로 내가 삶을 영위하는 목적은 내가 아닌 가족이었다. 그러나 십수 년 후, 가족으로부터 어떠한 공감과 동의도 받지 못하였던 그 일이 있었을 때, 내 삶의 모든 이유가 순식간에 사라져 버렸다. 무너져 버렸다. 힘겹게 애써 벼랑 끝에 매달려 살아왔던 내 손의 힘이 풀렸다. 바닥이 보이지 않는 까마득한 낭떠러지로 떨어질 것만 같아 놓지 못하고 버텼었지만, 더 이상 버틸 이유가 없었다. 나는 깜깜하고 깊은 골짜기로 떨어졌다.

　눈이 많이 오던 날이었다. 눈사람 한번 만들 여유조차 없이 달려온 인생이었음을 깨달았다. 밤중에 나가 눈사람을 만들었다. 그게 그렇게 어려운 일인지 처음 알았다. 밤낮으로 수많은 떠오르는 생각과 감정들이 나를 괴롭혀서, 너무 피곤한데 잠도 잘 수 없었다. 피하고 외면해 보았지만, 해결되지도 줄어들지도 않았다. 그래서, 정면으로 맞서기로 했다.
　그동안의 내 삶의 이유이자 목적이 사라졌기에, 다시 살아내기 위해서 새로운 삶의 이유를 찾기로 했다. 그렇게 생각을 바꾸고 나서, 나는 아무도 돌보지 않아 추위와 어둠 속에 웅크려 있는 한 아이를 발견했다. 그 아이는 바로 나 자신이었다.

　나를 돌보는 것을 새로운 삶의 목표로 정했다. 그런데, 그 새로운 목표를 실천하기 위하여 얼마나 큰 노력을 해야 하는지 그때는 몰랐다. 나 아닌 가족, 또는 남을 위하는 것은 어렵지 않은 일이었는데, 나 자신을 먼저 위하고 아끼고 돌본다는 것이 한 번도 해보지 않은 나에게 그리 어려울 줄 미처 몰랐다.

　이래도 되는 건지, 이기적인 것은 아닌지, 남에게 폐가 되는 것은 아닌지, 고집과 아집, 편협한 시각을 갖게 되는 것은 아닌지 수도 없이 망설이고 고민했다. 여러 지인의 의견을 듣고 각종 강연과 책자들을 보면서, 다양한 시각에서 생각하고 검증하고자 치열하게 노력했다. 그렇게 사고방식과 가치관의 근간을 새로이 구축해 갔다. 서두르지 않고 한발 한발 정성 들여 걸어 나아갔다. 그렇게 새로운 가치관을 온전히 나의 것으로 만들어 내 삶에 녹여내기까지 무려 7여 년이 걸렸다.

　그리고 깨달았다. 나는 그때 낭떠러지로 떨어진 것이 아니었다. 나는 원래 단단한 땅을 딛고 서 있었다. 그런 줄도 모르고, 발밑이 보이지 않는다고 안간힘을 쓰며 매달려 있었던 것이었다. 내가 무너졌다고 생각했을 때, 다른 내가 일어섰다. 그러나, 나는 원래 단단한 땅을 딛고 서 있었다. 내가 몰랐을 뿐이었다.

　길이 끝났다고 생각했을 때, 새로운 길이 열렸다. 그러나 그 길은 원래 거기 있었다. 내가 보지 못했을 뿐이었다. 한쪽 문이 닫혔다고 생각했을 때, 수많은 문이 열렸다. 그러나 그 문들은 원래 열려 있었다. 내가 보지 못했을 뿐이었다. 겨울이 깊어졌다고 생각했을 때, 새봄이 걸어 나왔다. 그러나 봄은 원래 내 옆에서 걷고 있었다. 내가 느끼지 못했을 뿐이었다. 최선을 다해 끝냈다고 생각했을 때, 진정한 내가 시작되었다. 그러나 그것은 원래 나였다. 내가 알아채지 못했을 뿐이었다. 절망하고 모든 것을 내려놓았을 때, 새로운 세상이 펼쳐졌다. 그러나, 그것은 원래 내 세상이었다. 내가 보지 않았을 뿐이었다.

느리지만 정성껏 한 발씩 걸어서, 지금의 내가 되었다. 춥고 어두운 곳에 웅크리고 있던 그 아이, 나 자신을 따뜻하고 밝은 곳으로 데리고 나왔고, 진심으로 나를 사랑할 수 있게 되었다. 그리고, 나조차도 사랑하지 않는 나를 세상 그 누구도 사랑하지 않는다는 것, 내가 나를 사랑하여야 타인도 나를 사랑한다는 것, 내가 제일 먼저 돌보아야 할 이는 나 자신이라는 것, 자신을 진심으로 사랑하여야 타인에게도 진심 어린 사랑을 나눌 수 있다는 것을 이제 나는 안다.

살아야 할 모든 이유를 잃었을 때 삶을 포기하려던 나를 붙잡아 일으켜 최선을 다해서 내 삶을 바꾼 사람, 그리고 내 삶을 바꿀 사람은 바로 나 자신이다.

no.22

박명옥

❏ 소개
1. 2004년 5월 중국연길에서 대한민국에 입국
2. 체온1도 주열샵 운영
3. 자담인 상담매니저
4. 자담인건강애 쇼핑몰 운영

❏ 연락처
1. 대표전화: 010-4599-2188
2. jd101634.jadamin.kr

나를 살리신
내 삶의 귀인

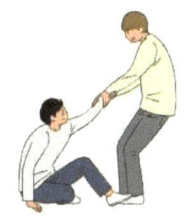

나는 2남 4녀 중 막내로 태어나 온 가족의 사랑을 듬뿍 받고 자랐다. 70년대에는 간식이 흔치 않았지만, 공무원이셨던 아버지 덕에 귀한 막둥이인 나는 간식을 달고 살았다. 사탕과 과자를 밥 먹듯이 먹을 수 있는 그때는 세상에서 가장 행복한 아이였다. 그런데 그 행복이 나에게 불행의 씨앗이 될 줄은 몰랐다. 성장기에 이유 없이 비실비실 앓았고, 조금만 잘못 먹어도 체하고 배탈이 나기 일쑤였다. 안 먹어본 소염제가 없었고 어릴 때부터 병원의 단골이 되었다. 월경주기일 때는 자리에서 일어나지 못할 정도로 생리통이 심해서 학교 가기는커녕 꼼짝 못 하고 누워있어야 했다.

잘살아 보겠다는 마음으로 2004년 5월에 중국 연길에서 대한민국으로 입국했다. 타국에 와서 음식점 홀 서빙을 시작한 나는 성질이 급해 고무장갑 끼는 것조차 귀찮아서 맨손으로 차가운 물에 설거지했고, 밤낮없이 일했다. 이제 와 생각해 보니 정말 미련하기 짝이 없었다.

그렇게 내 몸을 혹사하며 지내던 2014년 5월 어느 금요일 아침, 그날도 여느 때와 같이 야근을 마친 후 퇴근하려고 전

철역 계단을 내려가는데 오른쪽 다리의 느낌이 이상했다. '무리해서 그런가?' 하고 무심했고 시간이 흐를수록 오른쪽 다리에 통증이 심해지기 시작했음에도 '과로 때문이겠지' 하며 크게 신경 쓰지 않았다. 이틀이 지난 일요일 아침 예식장에 갈 일이 있어 화장대 앞에 앉아 화장하려고 하는데 이번엔 오른팔이 올라가지 않았다. 순간 머릿속에 평생 뇌혈관 질환으로 고생하시다가 돌아가신 친정아버지가 떠올랐고 증상이 생기기 전날 밤, 시원한 캔맥주를 두 캔이나 마시고 잠자리에 누웠던 일이 생각났다.

그제야 나는 심상치 않음을 느끼고 인근 약국을 들러 약사님께 "근육이완제 좀 주세요." 했더니 약사님께서 나의 상태를 살피시곤 "근육이완제를 드실 때가 아닌 것 같습니다. 얼굴이 삐뚤어져 가고 있으니 얼른 병원에 가보세요."라고 말씀하셨다. 나는 상황의 심각함을 느끼고 대학병원을 찾았다. 생각해 보면 천운이었다. 약사님이 자상하고 친절하지 않아서, 근육이완제만 내주셨다면 지금의 내 삶은 없었다. 그 약사님이 나를 살려주신 첫 번째 귀인이다.

병원에서 '뇌경색'이라는 청천벽력 같은 진단을 받고 넋을 잃은 내게 의사는 "참 다행입니다. 하마터면 골든타임을 놓쳐 큰일 날 뻔했습니다."라고 말씀하셨다. 그때 내 나이는 겨우 47세였다. 나는 창창한 나이에 오른쪽 다리가 마른 통나무처럼 굳어지는 증상을 겪게 되었다. 3개월의 재활치료 후 다행히 다시 걷게 되었다. 그런데 5년간 하루도 빠짐없이 약을 먹었더니 두통, 손발 저림, 복부팽만 등 부작용이 생겼다. 이렇게 우울한 삶이 이어지던 어느 날, 같은 지점에서 함께 일하던 양연우 언니를 통해 [자담인]을 만나게 되었다. [자담인]의 프로그램을 진행한 이튿날부터 기상 직후 부어있던 얼굴 부종이 사라졌고 체중이 줄기 시작했다.

살이 아닌 부종이란 것을 그제야 알았다. 9일 동안의 프로그램 후, 불편했던 증상이 완화되었고 14kg을 감량하여 다이어트까지 성공했다. 예전이었다면 상상도 못 했을 일이다. 평생 먹어야 한다던 약으로부터 자유를 얻었고 건강을 되찾으니, 삶의 질 또한 180도로 바뀌었다. 내가 두 번째 삶을 살 수 있게 자담인을 전달해 준 양연우 언니가 나를 살려주신 두 번째 귀인이다.

내 건강이 치유되고 '약'이라는 감옥에서 해방되니 [자담인] 제품에 대한 신뢰감이 생겼고 이웃에 전달하기 시작했다. 내가 자담인 사업을 시작하려 할 때 나를 살리신 세 번째 귀인, [자담인 영힐링점]의 윤민영 대표님께서 나의 손을 잡아주셨다.

요즘은 윤 대표님과 함께 마음의 근육을 키우는 필사와 독서 모임을 하며 '나를 살리고, 가족을 살리고, 이웃을 살리는 일'인 [자담인] 사업을 추진하면서 '생행복사'의 꿈을 그린다. 나의 귀인인 세 분이 아니었다면 지금의 나도 없었다. 그러니 세 분께 감사의 인사를 전한다.

no.23

한기수

❏ 소개
1. 한국남성행복심리상담 대표
2. 여여나무연구소 국장
3. 방과후 전래 놀이 전문강사
   2년간 5학교 방과 후 강의 진행 중
4. 체육전문 강사
5. 곰 사랑을 노래하다. (베스트셀러 등극)
   곰 스케치북 2집.
   내 삶을 바꾼 책 베스트셀러 등극 (50인 공저 출간)
6. 한국작가협회 김해지부 준회원

❏ 연락처
1. 블로그: https://blog.naver.com/rltn1334
2. 네이버 검색: 한기수

이름 모를
소주 철학자

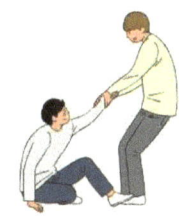

　삶이 어느 정도 안정되어 가니깐 사업을 해보고 싶은 욕심이 생겼다. 그렇게 시작한 공산품 납품 사업을 정말 열심히 했다. 일 끝내고 저녁부터 새벽까지 가격표 전단을 만들어 식당마다 문 사이로 넣어 놓고 연락이 오기만을 기다렸다. 효과는 좋았다. 공장 식당이나 함박집에도 물건이 들어가고 어느 정도 장사가 잘되었다.

　그러나 너무 무리한 탓일까? 공장과 함박집에서 결제가 되지 않더니 주저앉게 되었다. 어음을 몇 장 받았는데 그것이 탈이 나기 시작해 점점 회복이 불가능 상태가 되었다. 상황이 힘들어지니 평소 많던 주변 사람들이 하나같이 등을 돌리고 심지어 돈을 빌려 간 지인들조차 아는 체하지 않는다. 반년을 더 버티다 가게를 접었다. 그리고 나 자신도 폐인이 되어갔다.

　가정에도 소홀하게 되고 아이들도 보기 싫었다. 쉽게 말해 신용불량자가 되었고 집에 딱지가 붙었다. 미안함과 좌절감으로 술만 마셨다. 그렇게 시간이 지날수록 나는 점점 망가져 가고 있었다. 어느 날 죽고 싶다는 마음으로 소주 5병을 사들고 구포 둑에 앉아 소주를 마셨다. 어떤 한 사람이 나에게 다가왔다. 이름도 모른다. 그냥 내 곁에 와서 소주를 나누어 마셨고 술값은 웃음으로 대신하자고 했다. 난 사람들이 싫고 무서워 그날은 그냥 돌아와야만 했다. 그렇게 죽으려고 몇 번이나 여러 곳을 찾았다. 그때마다 그 사람이 찾아와 소주를 나누어 먹게 되었다. 이상했고 그 사람의 정체가 궁금해졌다. 그 사람에 대한 의문점을 풀어 보려고 처음에 갔던 구포 둑에 가서 소주를 마시며 기다렸다.

그 사람은 곁에 왔고 다시금 소주를 달라고 했다. 그렇게 어린 그 사람과의 대화를 했는데 그는 자신을 거리의 철학자라고 설명했다. 서울대 철학과를 졸업했고 사주학이나 관상 등을 독학으로 공부했다고 한다. 즉 거리의 노숙자이다. 다 믿을 수 없는 말이지만 그 사람과의 대화는 재미있었다. 시간 가는 줄 모르게 하루하루 그렇게, 오후에 만나 새벽 시간까지 많은 이야기를 나누었다.

그 사람은 나에게 많은 충고를 해 주었고 살아가면서 조심해야 할 일들을 알려 주었다. 나는 그 사람이 그저 노숙자로 보이지는 않았다. 그는 인생의 스승이었다. 나에게 그 어떤 요구도 하지 않았다. '소주 한 병'이 그 사람에게 유일한 식사이자 음식이었다. 늘 코는 빨간색이었고 알 수 없는 책을 한 권 들고 다니는 사람이었다.

그 사람을 만난 이후 내가 생각했던 죽음 운이 점점 멀어져 갔다. 그리고 왠지 모르게 나를 생각하게 되고 가족을 돌아보기 시작했다. 무슨 생각이었는지 집에 들어갈 때마다 술이 아닌 아이들이 좋아하는 물건이나 간식을 사서 들어가게 되었다. 그 후 그 사람을 6~7번 정도 만났을까! 오늘이 마지막이라고 말하면서 나에게 충고 아닌 충고를 한다고 했다.

"뒤돌아보면서 후회는 하지 마세요." "사람이 가장 어리석은 이유는 '그때는 왜 그랬을까?'라며 자신을 탓하면서 시간을 허비하는 일이요." 또 "다가오지도 않은 미래, 아직 일어나지 않은 일은 고민할 필요가 없어요"라고 했다.

그 사람은 나에게 현재 최선을 다하면 된다고 했다. 후회해 봐야 상황은 변하지 않으니 '지금' 오늘을 열심히 살아가라고 했다. 그러면서 사람들을 즐겁게 해 주고 도움을 줄 수 있는 사람이 되라고 말했다. 1~2년 정도는 그냥 혼자만의 시간을 가지면 가족들도 기다려 줄 것이고 새로운 기운들을 얻게 된다고 말했다. 그렇게 그 사람과 헤어졌다.

그 이후 좀 쉬면서 그 사람이 한 말들을 다시 정리해 보았다. 그리고 그 길로 원양 어선을 탔다. 그를 통해 많은 배움과 지혜를 얻었다.

지금 난 큰 부자도 아니고 유명한 상담사도 아니지만, 아이들 상대로 건강을 주고 웃음을 주는 직업 가지고 있다. 물론 성인이 된 두 아들과 아내의 응원 속에 지금과 오늘을 웃으며 최선을 다하며 살아가고 있다. 나에게 큰 깨달음을 준 그 사람이 참 고맙다.

no.24

김지영

❑ 소개

1. 따뜻한 마음과 열정이 넘치는
2. 도전과 성장에 대한 갈망이 큰
3. 전) 13년간 초등학교 컴퓨터 특기적성 강사
4. 전) 교도소 정보통신 출강
5. 현) 13년간 유치원 교사 & 유아교육 석사
6. 28년차 육아맘
7. 공저: '내 삶을 바꾼 책', '내 삶의 산전수전'

❑ 연락처

블로그: https://blog.naver.com/papayakim

엄마의 선물

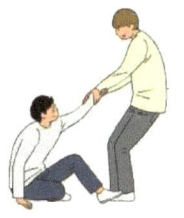

 "살면서 누구에게나 한 번쯤은 귀인이 찾아온다."라는 말은 운명적인 만남을 기다리는 설렘을 안겨준다. 귀인이란 조선 시대 종1품의 서열을 가리키는 궁중 용어지만, 일상에서는 '내게 귀한 도움이 되고 내 삶에 좋은 영향을 주는 사람'을 이르는 말로 쓰인다. 귀인을 만나는 것만큼 중요한 것은 그 귀인을 알아보는 능력일 것이다.

 지난날을 돌이켜보면, 참 많은 인연을 만나 왔다. 하지만 그 수많은 인연 중에 내 인생 최고의 귀인은 단연코 '우리 엄마'다. 세 자매 중 장녀였던 나는 식탐이 많았다 동생들과 찍은 사진을 보면 늘 나만 양손 가득 먹을 것을 쥐고 있었다. 사진 속에서 나를 찾기보다 빵이나 떡 봉지를 찾는 게 더 빠를 정도로, 넘치는 식욕을 주체할 수 없었다. 지금은 욕심의 종류가 다양하고 세분화되어 다른 방향으로 열정을 쏟고 있지만, 그 시절에는 모든 욕심이 식욕으로만 폭발하던 때였다. 그렇게 나는 비만아가 되었고, 통통하다는 말로는 부족할 정도로 '뚱뚱한 아이'가 되었다. 그러다 보니 주변 사람들에게 "살쪘다"라는 말을 듣게 되고, 내 자존감은 바닥을 뚫고 저 밑바닥으로 떨어져 버렸다.

 자존감이 하락할수록 거울 보는 것조차 피했고, 교복을 입던 시절에는 주말에도, 집안 행사에도 교복 두 벌을 빨아 번갈아 입고 다녔다. 한창 예쁜 것을 좋아하고 멋을 부리는 나이였지만, 뚱뚱한 몸을 보는 것 자체가 싫었던 나는 자신을 포기한 상태였다. 아마 이 모습이 엄마에게는 안쓰럽고 걱정스러웠을 것이다.

결국 내가 고3을 졸업할 즈음, 엄마는 굳은 결심을 하셨다. "매일 아침 남한산성 꼭대기를 하루도 빠짐없이 오르자!" 그렇게 이른바 '지옥의 다이어트'가 시작되었다. 매 순간이 나 자신과의 싸움이었다. 숨이 턱까지 차오르고, 다리 근육은 경련을 일으키기 일쑤였다. 땀은 얼굴을 타고 줄줄 흘러내렸다. 산에 우뚝 서 있는 나무들은 저마다 의연해 보이는데, 그 사이에 있는 나는 초라하고 작게만 느껴졌다.

"조금만 더." 자신을 다독이며 한 걸음씩 내디뎠다. 처음에는 한 번 오를 때마다 기진맥진이었지만, 어느 순간부터 내 몸이 이 길을 기억하는 듯한 기분이 들었다. 매일 같은 길을 걷고 오르다 보니 하루하루가 쌓여 나를 조금씩 강하게 만들어 주었다. 그러나 매일 하는 도전이 결코 녹록하지는 않았다. 비가 쏟아졌고, 미끄러운 길에서 넘어질까 두려워, 한 걸음 한 걸음 내딛는 것이 힘겨웠다. 포기하고 싶었다. 하지만 내 마음속에서 또 다른 목소리가 들렸다.

'이렇게 힘든 날도 이겨내야 해. 공부로 엄마를 기쁘게 해 드리지 못하니, 지금 네가 할 수 있는 효도는 엄마가 원하는 산에 오르는 거야. 아무리 힘들어도 죽기밖에 더 하겠어?' 다시 마음을 다잡고 발걸음을 이어갔다.

두 달 동안, 영혼이 고갈될 듯 숨이 턱까지 차오르는 산행을 매일 반복한 끝에, 나는 어느새 달라져 있었다. 시간이 흐르자, 몸에도 변화가 생기기 시작했다. 더 이상 뚱뚱하다는 소리를 듣지 않았을 뿐 아니라, 주변에서 "전체적인 분위기와 느낌이 달라졌다"라며 놀라워했다. 몸무게가 드라마틱하게 빠진 건 아니지만, 확실히 다른 사람이 된 것 같았다. 더 놀라운 건 예전에는 교복밖에 몰랐던 내가 예쁜 옷에도 관심을 두게 되었다는 사실이다. 나에게 전화번호를 물어보는 남자 친구들이 생기고, 누군가는 연애편지를 건네기도 했다. 지옥의 다이어트를 시작하기 전에는 꿈도 꿀 수 없었던, 기적 같은 일이었다.

　그뿐만 아니라 엄마는 나에게 늘 '겸손과 감사'의 중요성을 강조하셨다. "아무리 잘나가더라도 주위 사람들에게 늘 감사할 줄 알아야 해. 벼가 익을수록 고개를 수이는 것처럼, 사람도 마찬가지란다." 이런 말씀을 들으며 자라다 보니, 인생을 살며 마주치는 수많은 일들 속에서 자신을 객관화하는 힘을 얻었다. 그리고 깨달았다. 지금의 내가 있기까지는 주변의 도움이 없었다면 불가능했다는 사실을.

　그럴 때마다 엄마가 강조하던 '겸손과 감사'라는 단어가 떠오른다. 한 해 한 해 나이가 들수록, 엄마의 은혜와 사랑을 글로 다 표현하기는 어렵지만, 나는 결코 그 사랑을 잊을 수 없을 것이다.

　"내 인생의 귀인은 바로 우리 엄마다!"

no.25

서창균

❏ 소개
1. 전동, 소형엔진 기계 수리 기술자
2. LG 싱글CAC 시공 자격증 기술자
3. 개척영업활동 신인 개척활동왕 선정

❏ 연락처
1. 이메일: eva1x@naver.com
2. 전화: 010-4155-1212

귀인은 내 안에 있다

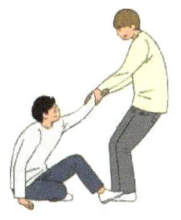

나와 우리 가족은 미래가 없었다.

그땐 그랬다. 외벌이로 직장 생활도 해보고 장사도 해보았지만, 그저 꿉꿉한 곰팡이 냄새로 가득한 단칸방에 네 식구가 하루하루 꾸역꾸역 살아가는 게 다였다.

내일을 생각할 여유조차 없었다. 그러다 어느 날 우연한 계기로 에어컨 설치 기술을 배워 경제적으로 조금은 나은 삶을 살았지만, 그 무리에서 삶은 그냥 말 그대로 막노동 인생이었다. 쉬는 날도 마음대로, 일하는 날도 마음대로이다 보니 맨날 사람들과 술에 찌들어 사는 게 일상이었다. 그 분야에도 일에 자부심을 느끼며 최선을 다하는 분들도 있었겠지만 나와 내 주위의 사람들은 그러지 못했다.

그렇게 아무 의미 없이 살아오다 어느 날 유튜브로 짧은 동기부여 영상을 보게 되었다. 한번 보기 시작하니 자꾸 보게 되고 내 가슴이 조금씩 뛰는 것이 느껴졌.

'나라고 언제까지 이렇게 살아야 할까? 우리 애들한테 적어도 쪽팔리는 아빠는 되지 않아야 할 거 아냐? 그래! 한번 제대로 살아보자. 나도 한번 해보자!' 영상을 보면서 다짐하니 왠지 나도 무엇이든 할 수 있을 것 같은 자신감이 생겼다.

그렇게 유튜브를 통해 난생처음 자기 계발이란 걸 하기 시작했고 어떤 공부를 시작할지 고민하다 먼저 경매로 우리 집을 가져야겠다고 생각하게 되었다. 분명 나는 우연히 영상을 본 계기로 시작을 한 건데 알고 보니 2021년 그 시절 대한민국 전체가 재테크 열풍이었단 걸 나중에 알게 되었다.

태어나서 처음으로 서점에 들러 책들을 사기 시작했다. 새벽 4시 30분에 일어나 공부도 했지만, 평생 해본 적 없는 공부를 하려니 쉽지가 않았다. 새벽에 일어나 공부를 하기 위해 그렇게 좋아하던 술을 끊어 보기로 했다. 술을 끊으니 자주 연락이 오던 사람들도 서서히 나와 연락을 멀리하기 시작했고 시간이 더 생기니 공부도 더 하게 되고 운동도 시작할 수 있게 되었다.

그렇게 마음공부도 하고 경매 공부도 하면서 많은 멘토들이 생겼다. 실제로 만난 몇몇 분들과 책, 유튜브, 강의를 통해 많은 것들을 배울 수 있었다. 그렇게 1년 6개월이라는 시간 동안 정말 내 인생에 '**갓생살기**'를 해보았다. 놀라운 건 시간이 지나 보니 내가 변해 있었다.

세상을 보는 시각이 변했고 생각이 많이 바뀌게 되었다. 그때부터 나의 마인드는 이렇게 바뀌었다.

첫째. 내가 원하는 것에 집중하고 살면 100%까지 달성하지 못하게 되더라도 80%까지는 확실히 이룰 수 있겠다. 그 정도면 땡큐지~

둘째. 세상이 내 편인데 무슨 걱정이 있을까.

셋째. 어차피 잘될 건데 무엇을 하던 그냥 세상이 주는 것에 감사하고 즐기며 살자.

그 후 비싼 집은 아니지만, 지금은 우리 가족이 원하던 집도 갖게 되었고, 같이 공부하던 분들과 상가 2개를 경매로 받아 사업을 시작하여 현재까지 잘 운영하고 있다.

내가 이렇게 바뀔 수 있었던 건 유튜브, 책, 강의에서 좋은 이야기들을 해주신 많은 작가님, 강사님들 덕분이다. 내 인생에는 이렇게 많은 귀인이 있다. 내 모든 삶 속에 매 순간순간 나에게 좋은 선택을 할 수 있게 도와준다.

몇 년 전 생긴 팔 통증으로 인해 에어컨 일은 그만두고 현재는 보험설계사라는 직업을 갖게 되었다. 아이들은 커가고 외벌이라 직업을 바꾼다는 게 사실 쉬운 결정은 아니었다. 하지만 난 이렇게 생각한다.

'중년부터는 더 멋지게 살게 되겠구나~ 그럼 또 즐겨봐야지! 어차피 잘 될 테니까.'

현재의 직업에서 또 많은 귀인을 만났다. 그리고 앞으로 만날 귀인들을 기대하며 하루하루를 즐기며 살아간다.

no.26
문선화

❏ 소개
1. 희망이룸 대표
2. 고용센터 구직자취업역량강화 프로그램 진행 전문강사
3. 광주교육청 진로취업 전문강사
4. 고용노동청 채용심사 평가위원
5. 소상공인공단 희망리턴패키지 재취업 전문강사
6. 소상공인공단 사업정리컨설턴트
7. 대한웰다잉협회 웰다잉 전문강사, 엔딩 플랜 상담사
8. KODA 장기조직기증원 생명나눔 전문강사
9. 법무부 소년보호 위원

❏ 연락처
네이버 검색: 문선화(010-5572-2980)

인생의 나침반이 되어준
네 귀인

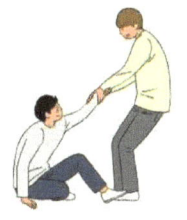

어떤 책에선가 '하늘은 한 사람을 이 세상에 내려보내면서 이 세상을 살아가는데 필요한 협조자로, 부모, 자매, 지인, 악인을 함께 보낸다'라고 한 글을 본 적이 있다. 생각해 보니 내 인생에도 귀인들이 참 많이 있었다. 지시, 통제하는 사람들과 함께 일하며 좌절하고, 회사를 그만두기도 하였다.

그런데 '나 또한 누군가에게 그런 사람이었다'는 것을 발견했다. 나도 누군가를 상처 입히고, 좌절하여 포기하게 만들었음을 인정하지 않을 수 없었다. 그래서 대화의 방법을 고민하고, 공부하고 대화법 강의까지 하게 되었다.

어렵고 힘든 얘기만 하는 사람들을 보면서 내 딸들과의 아름다운 대화를 위해 아름다운 것들을 많이 보아야겠다고 생각도 하게 되었다. 그래서 내가 만난 모든 사람이 나의 귀인들이었다. 그런 귀인들의 조각조각들을 내 몸에 붙이니 문선화라는 사람이 사람답게 살도록 조금씩 만들어져 가고 있었다. 덕분에 내 인생과 일에 철학과 가치를 더해 주었다.

그 많은 귀인 중에 책에는 네 명을 소개하고자 한다.

첫 번째, 두 번째 귀인은 두 동생이다. 큰애가 재수하던 시절 내 인생의 두 번째 위기가 왔다. 남편과의 관계도 최악이었고, 다니던 회사도 그만두게 되었다. 그래서 재수하던 큰딸이 또 대학을 떨어지고, 하고 싶은 전공이 있으니 기회를 한 번만 더 달라고 했을 때는 다시 공부를 시킬 엄두도 못 내었다. 남동생 재일이는 사정 이야기를 듣더니 "내가 학원비 지원해 줄 테니까 서울로 올려보내소"라고 했다. 그리고 여동생 수현이는 "그럼 내가 우리 집에서 데리고 있을게."라고 했다. 서울에서 외벌이인 동생들이 생활의 여유가 있어서 그리 말한 것은 아니었다. 나중에 안 사실이지만 남동생도 둘째 아들이 희귀병으로 삶의 기로에서 큰 수술을 반복하면서 힘든 시기를 보내던 때였다. 지금까지의 난 누군가 유산을 받았다거나 선물을 받았다거나 하는 소리를 들으면 "복도 많다"라며 부러워했다. 그런데 내 동생들을 보면서 필요한 사람에게 무언가를 줄 수 있는 사람이 얼마나 멋진 삶인지를 처음 알았다.

그때부터였다. 나도 누군가에게 뭔가를 줄 수 있는 사람이 되고 싶다는 소망이 생겼고 기댈 언덕이 없는 청소년이 가장 불쌍한 사람이라는 생각도 들었다. 그래서 기댈 언덕이 없는 청소년들에게 그런 언덕의 역할을 해주고 싶은 마음이 생겼다. 그 후 한 번도 해보지 않은 기부란 것을 하게 되었다. 내 동생들은 남한테 베푸는 것이 얼마나 멋지고 행복한지를 내게 알려준 귀인이다.

세 번째 귀인은 OO언니이다. 내향형인 나는 사람들에게 먼저 다가가는 걸 잘 못한다. 그래서 다양한 사람들과 대인관계를 맺는 것이 참 어렵다. 그런 나를 세상과 자연과 커넥트 해준 사람이 바로 OO언니이다. 성당에서 만나 현재까지 가장 오랜 인연의 끈을 이어가고 있다. 언니로 인해 알게 된 국도길의 운치와 자연의 아름다움, 식물을 키우는 재미, 그림에 대한 관심, 차의 맛, 도자기에 대한 이해, 엽서 한 장이 얼마나 훌륭한 미술품으로 거실에 장식될 수 있는지 등등 새롭게 알아간 것들을 이루 헤아릴 수가 없다. 나와는 너무나 거리가 멀었던 문화와 예술을 이야기하며 자연스레 내 관심의 영역도 넓어졌다. 무엇보다 인생을 살아가는데 중요한 방향성과 가치관을 정립하게 해준 네 번째 귀인인 영적 스승님을 만나게 해주었다. 스승님으로부터 배운 것은 '양심에 맞는 것인가?'와 '모든 존재를 소중하게 여기는 마음'이었다. 삶의 기준이 된 양심과 모든 존재를 소중히 여기는 마음이, 결혼 전 임신으로 인하여 멀어질 뻔한 큰딸과 소중한 내 손자와 사위를 지킬 수 있었다. 또한, 일하면서 만나는 구직자 한 명 한 명을 소중하게 여기고 그 사람들을 살린다는 마음으로 일하고 있다.

  나는 그들로 인하여 세상의 아름다움을 온몸으로 느끼고 받아들이며, 선택의 기로에서 나와 모두를 행복하게 한 선택이 무엇인지를 생각하게 되었다. 이 글을 쓰면서 내 삶의 여정에서 나침반이 되어준 소중한 귀인들로 인해 내 삶은 항상 풍성하였음을 다시 한번 깨닫고 감사한 시간이 되었다.

no.27

이형은

❏ 소개

1. 강남대 도서관학과 졸업
2. 한국열린사이버대 뷰티건강디자인학과 졸업
3. 사서 자격증, 북큐레이터, 독서 지도사
4. 책쓰기 지도사, 출판 작가 마스터
5. 미용사 면허증, 운동 처방사

❏ 연락처

1. 블로그: https://blog.naver.com/lhe1239
2. 이메일 lhe1239@naver.com

힐링문화재단
김능기 총재

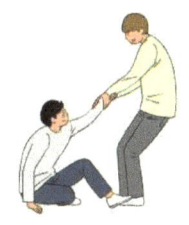

『지구는 우주의 자궁이다』의 저자이며 [지구 힐링문화재단] 김능기 총재님이라는 귀인을 만나면서 내 인생을 탈바꿈하는 계기가 되었다. 지금도 직장 다니면서 퇴근 후에도 지구를 살리는 TD(Trash Donation/쓰레기 기부) 운동에 적극 참여하고 있다.

우리는 길을 가다가 쓰레기를 주운 기억보다 버린 기억이 더 많을 것이다. 김 총재님을 만나기 전에 내가 그랬다. 하지만 쓰레기들 사이에서 피어나는 꽃을 본다면 쉽게 쓰레기를 버릴 수 없을 것이다. [지구힐링문화재단]은 쓰레기를 주워 '기부'를 할 수 있는 문화를 만들고, 기부에 대한 보답으로 '지구 힐링 콘서트'라는 다양한 곳에서 음악회를 열고 있다. '쓰레기'가 '음악'이라는 새로운 형태로 업사이클링(upcycling) 되는 것이다. 또한, 음악과 환경이 만나 쓰레기를 줍는 행동도 하나의 예술로 만들고 있다.

'쓰레기 기부'라는 말은 사전에도 없는 생소한 단어다. 이런 단어를 만든 계기는 무엇일까. 지구힐링문화재단(쓰레기를 기부하는 사람들) 김능기 총재는 어느 날 꽃 위에 떨어진 담배꽁초를 주우면서 말했다. "쓰레기를 버리면 벌금을 내는데, 그 쓰레기를 주우면 벌금을 절약할 수 있으니 경제적, 환경적으로 '기부'를 하는 것이라고 말이다. 그때부터 '쓰레기 기부'라는 말을 만들어 냈고, 하나의 문화로 만들기 위해 노력했다"라고 말했다. '쓰레기 기부'는 '지구 힐링'이라고 표현하기도 한다.

그렇다면 '지구 힐링' 활동은 어떤 과정으로 이루어질까. 지구힐링문화재단 '쓰레기를 기부하는 사람들' 웹사이트(Earth1004.Org)에 자신이 주운 쓰레기를 사진으로 찍어 올린다. 이렇게 기부된 쓰레기는 개인이나 단체의 이름으로 누적된다. 쓰레기 누적 개수가 1,000개, 1만 개, 10만 개, 100만 개 등을 달성할 때마다 강연증 및 기부증서, 장학증서 등을 수여한다.

또한 지구힐링문화재단 쓰레기 기부 문화의 창시자 김능기 총재는 1,000개(1억) 이상 기부한 사람들은 '지구 힐링' 문화를 알리는 강연 'MTD TALKS'로 이어가고 있다.

'백문이 불여일견'이라는 말처럼 쓰레기 기부를 알리는 가장 효과적인 방법은 보여주는 것이다. 배움이란 누군가가 중간에서 이끌어 주어야 하는 것이기 때문에, 그 역할을 하는 사람들의 기부 모습을 보여주면서, 음악을 결합해, 음악까지 사랑할 수 있는 계기를 만들어준 것이다. 지구 힐링 문화는 보다 많은 이들에게 귀감이 되는 예술적인 지구인 힐링 문화로 거듭나고 있다. 지구가 멸망해도 나는 오늘 쓰레기를 기부할 것이다.

"남의 길을 따라가는 사람은 그 길을 벗어나지 않으려 안달복달하지만, 자기만의 길을 만드는 사람은 넘어지고 헤매면서 자기 길을 넓혀요. 길게 보세요. 잠깐의 불안함 때문에 이미 알고 있는 정답을 놓치지 마세요." -배우 윤여정-

"보통 선생님은 말을 한다. 좋은 선생님은 설명을 한다. 뛰어난 선생님은 보여준다. 위대한 선생님은 영감을 준다." -William Arthur Ward-

"일생 동안 할 일을 발견한 사람은 행복하다. 그에게는 다른 행복을 찾을 필요가 없기 때문이다." -토마스 칼라일-

내 삶의 귀인인 김능기 총재님을 만나면서부터 많은 감화와 감동을 하였다. 일생 동안 할 일을 발견한 것이 너무 감사하고, 선한 영향력을 주는 작가로서의 길을 걷는 것이 제일 행복하다.
 * 관련 내용: 유튜브에서 쓰레기로 매일 1억 원을 버는 남자/인물연구소/참조)

쓰레기를 버리는 사람과 보물을 줍는 사람!
"당신은 어느 쪽입니까?

no.28

김민주

❏ 소개
1. 진여워터테라피 대표
2. 대한민국우수숙련기술자 선정(고용노동부)
3. 대한민국산업현장교수(고용노동부)
4. 물침을 이용한~ 미용방법 등 특허8건
5. 경락마사지.워터테라피, 물침요법 유튜브250건 송출
6. 국제미용기능경기대회 등 심사위원 다수 역임
7. 온라인 오프라인 500회 이상 강의 코칭
8. 얼굴피부호흡, 뇌호흡, 워터테라피 등 15권 출판
9. 작은 얼굴경락마사지 MBC,KBS,SBS 등 65회방송출연
10. 1991년 '김여진핸드경락 성형미용센터' 창업

❏ 연락처
1. 블로그: https://blog.naver.com/yjhand5812
2. 네이버 검색: 진여워터테라피, 진여수비봄바
3. 네이버 플레이스 진여워터테라피 서비스 매뉴 소개

내 삶을 바꾼 귀인들

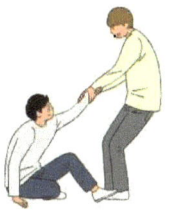

나는 현재 서울 강남구 압구정동에서 내 삶을 바꾼 '물'을 화장품으로 만드는 코스메틱과 이 물 화장품을 활용하여 건강한 아름다움을 만드는 에스테틱을 운영하고 있다. 1991년 [김여진핸드경락 성형 마사지]로 창업 후 1994년 MBC 아침 생방송에 출연하여 '작은 얼굴 만드는 경락마사지'를 소개한 후 국내외 방송 출연만 65회로 유명해졌다.

2001년 어느 날 평소에 기(氣) 수련을 함께 하던 지인이 찾아와 찬물로 병을 고치는 곳이 있다고 추천했다. 하지만 평소에 추위를 많이 타고, 찬물이 발에 닿으면 빌에 쥐가 내리고, 손발도 차가운 편이라 찬물은 싫다고 거절했다. 그러던 어느 날 스트레스가 심해 어디론가 나가고 싶어 할 때 이 지인이 또 오셨다. 나는 가벼운 마음으로 바람이나 쐬러 가보자는 마음으로 따라간 곳이 용문산이었다.

그곳에서 들은 물 수련을 지도하는 사부님의 물에 대한 강의에 매우 공감이 되었다. 이날 밤 자시(밤 12시)부터 매주 수요일 밤과 토요일 밤 자시에 영하 13도가 넘는 얼음물 속에서 떨기 시작했다. 이때 우리 몸에서 피부가 가장 얇은 곳이 입술이 아니라 대음순이라는 것을 알았고, 차가운 물이 발끝에서부터 자극하면서 물이 머리로 올라오는 것을 체험했다.

매일 밤 물에 들어가는 시간과 물속에서 머무는 시간은 사부님이 정해준다. "오늘 밤기운은 이러이러해서 심장에 좋아지니 20분만 담가라." "오늘 밤기운은 이러이러해서 뇌에 좋으니 30분을 담가라" 이렇게 알려준다.

그곳은 용문산 아래 어느 계곡이었고 이 골짜기와 저 골짜기 물이 모여 음양의 기운이 합수되는 곳이라고 했다. 일행들이 도착하면 물이 꽁꽁 언 물을 망치로 두드려 깨서 물고기 잡는 뜰채로 얼음을 걷어내고, 각자 정해진 자리로 들어가 물속에서 명상을 시작했다. 차가운 얼음물에서 나오면 하체는 마비된 듯 피부 감각이 없다. 옷을 챙겨 입고 나면 내 온몸은 사시나무 떨듯이 덜덜덜 떨리고, 아래위 이빨은 멈출 수가 없이 다닥다닥 부딪힌다.

그런데 신기한 건 산을 오르내리고 뛰면 몸에 열기가 나고 피부에 냉기가 빠져서 내 몸이 하늘을 나는 새처럼 가벼워진다. 이 마력에 빠져 3년 겨울을 얼음물 속에서 떨었다. 그때 느낀 건, 세상살이가 아무리 힘들어도 얼음물 속 떨림보다는 쉽다는 것을 알고 물 수련을 끝냈다.

이 기간에 물 수련을 위해 백두산, 한라산, 지리산, 오대산, 대둔산, 월출산 등 물 좋다는 곳은 다 찾아다녔다. 가장 기억에 남는 곳은 원광대학교 기공학과 원우들과 간 백두산 소천지이다. 낮에는 천지를 밤 자시에는 소천지를 걸어 올라가서 각자의 기공을 연마했다. 소천지 물속에 앉아 있는데 밤하늘의 별들이 너무 크게 보여서 내 손에 뚝 떨어질 것처럼 황홀했던 기억이 난다. 물 수련에 적합하지 않은 물은 제주도 돈

내코 물이었다.

신기하게도 물 수련이 끝난 2003년 3월에 두 번째 귀인을 만났다. 두 번째 귀인은 물 수련을 함께 하던 한의원 원장님이었다. 이분은 빛과 대화를 하고 빛으로 사람의 몸을 치료했다. 빛 스승님을 만난 후부터 그동안 혼자 정리하던 경혈 이론을 현실적 활용으로 체계를 잡는 데 도움을 받았다.

스승님을 만나고 20년의 세월이 지나는 동안 빛의 활용도가 너무 광범위하고 혼란스러워 몇 년 포기했었다. 그러다 다시 스승님을 찾게 된 이유는 양자역학의 이론이 빛의 이론이라는 것을 알게 되었기 때문이다. 빛을 활용하시는 스승님을 진심으로 이해하고 존경할 수 있는 계기가 되었다.

'빛의 한계는 없지만 보이는 한계는 있다.'

박문호 박사님 강의를 통해 이 사실을 알았고 스승님을 다시 찾았을 때 스승님은 매우 반가워하셨다. 죄송하고 미안했고 살아계셔서 주셔서 감사하다. 나도 스승님처럼 누군가에게 귀인으로 남고 싶다.

no.29

한민정

❏ 소개
1. 쥬드발레하우스 무용학원 원장
2. 세종특별자치시교육협회 회장
3. 세종특별자치시사회복지협의회 이사

❏ 연락처
네이버 검색: 쥬드발레하우스 무용학원

서로에게 기둥처럼

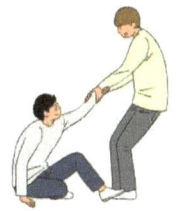

시간이 지날수록 친구와 스승은 나이에 상관없이 인연을 맺을 수 있는 존재임을 실감하게 된다. 또한 나에게 영향을 주는 사람은 처한 상황에 따라 달라질 수 있다는 것도 깨닫게 된다.

25살 때 대학원에 진학한 나는 사회생활을 먼저 시작한 3살 어린 여동생과 함께 서울 생활을 시작했다. 딸 둘의 자취를 걱정한 부모님은 용산에 계신 이모님 댁 옆에 방을 마련해 주셨고, 그렇게 동생과 나의 자취 생활이 시작되었다. 그러나 처음 2년은 서로 부딪히는 날들이 연속이었다. 서로 의지하기에도 바쁜 상황에서 성격 차이로 인해 매번 언쟁이 끊이지 않았다. 나는 동생의 조언을 귀담아듣지 않았고, 동생은 나의 고집스러운 태도에 답답함을 느꼈다.

뒤늦게 생각해 보니, 사회생활을 먼저 경험한 동생에게 나는 아주 부족한 언니였던 것 같다. 나이만 많았을 뿐 학교와 무용 수업에만 매달려 사회 경험이 전혀 없었던 내가 얼마나 답답했을지 짐작이 된다.

2년쯤 지나면서 우리는 서로 건드리면 안 되는 경계선을 알게 되었다. 그렇게 5년의 세월이 흐른 후 서로의 고생이 안타깝게 느껴졌고, 신랄한 조언도 이제는 언쟁의 소재가 아니라 각자의 부족한 점을 돌아보게 하는 계기가 되었다. 어쩌면 자취라는 특별한 환경이 아니었다면, 우리는 지금처럼 서로를 의지하는 사이가 되지 못했을 것이다.

   10년 동안 함께 살다 보니, 우리는 서로에게 든든한 기둥 같은 존재가 되었다. 중요한 결정을 앞두고는 서로의 조언이 큰 비중을 차지했으며, 날카로운 비판도 이제는 고마운 충고로 받아들인다. 때로는 술친구가 되어 연애 상담을 나누었고, 월급날에는 서로에게 작은 선물을 하며 한 달간의 고생을 위로하곤 했다.

   어린 시절, 동생과 다툴 때마다 엄마는 "형제는 서로 의지하며 살아야 한다"라고 말씀하셨다. 그때는 그 말을 이해하지 못했지만, 이제는 그 뜻을 깊이 깨닫게 되었다. 어린 시절 동생을 떼놓고 놀러 나가거나 괜히 싸웠던 기억이 후회로 다가오고 있다. 지금의 동생은 나의 인생에서 가장 중요한 동료이자 냉철한 평론가이다.

   이렇게 동생이 나의 인생에 가장 큰 영향을 주는 존재이지만, 인생의 길 위에는 또 다른 소중한 인연들도 나타나곤 한다. 요즘 내가 지도하는 성인발레반의 인연들은 중년을 시작한 나에게 새로운 친구이자 스승이 되고 있다. 서로 다른 생활과 가치관은 차이가 아니라, 나의 부족한 부분을 채워주는 귀한 자산임을 깨닫게 되었다. 서로가 다른 생활과 직업, 인생관에 대하여 토론하는 시간은 매우 귀중한 경험이 되었다. 때론 어떠한 문제를 해결하거나 고민을 해소하는 데에 전혀 다른 방식으로 접근할 수 있도록 안내를 해주는 그들과 감사한 인연으로 지내고 있다.

예전에는 고마운 인연을 알아보지 못하고 지나쳐 후회한 적도 많았다. 이제는 새로운 인연의 끈이 생기면 신중하게 다가가고, 시간을 두어 소중히 지키려 한다. 물론 실수하거나 잘못된 판단으로 인해서 관계의 틈이 생길 수 있지만 그때는 즉각적인 잘못의 시인과 진실 된 사과가 있다면 인연의 끈을 계속 이어 나갈 수 있다는 확신이 든다.

인연은 우리의 삶에서 든든한 기둥이다. 나처럼 가까운 가족일 수도 있고 갑자기 나타난 새로운 인연일 수도 있다. 난 그것을 놓치지 않으려는 마음이 지금의 나를 이끌어가고 있고, 앞으로의 나를 발전시킬 수 있는 인생의 스승이 될 거라 믿는다.

no.30

육영애

❏ 소개

1. 스마트폰활용지도사 1급
2. 디지털 문해강사
3. 그림출판지도사
4. 캔바디지털콘텐츠강사 2급
5. 아동한자지도사
6. 사회복지사 2급

❏ 연락처

1. 네이버 검색: 육영애
2. 카카오채널 검색: 영영쌤

나의 버팀목인 엄마

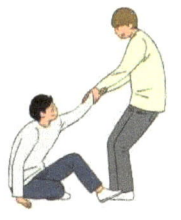

나이를 먹어가며 어느덧 노년을 앞두고 있다. 어떤 이에게는 이미 노년이라 할 수 있고, 또 어떤 이들은 좋은 나이라고도 한다. 젊었을 때 나이 드신 분들을 보면 인생을 다 아는 듯한 강인함이 있어 보였는데, 정작 내가 그 나이가 되고 보니 여전히 불안하고 오히려 점점 더 작아지는 마음뿐이다. 세월이 흐를수록 더욱 선명해지는 것은, 내 안의 불안과 두려움이다.

이런 마음을 감추며 강한 척, 아무렇지 않은 척 살아가게 하는 데는 자식도 있지만, 나에게는 특히 엄마의 존재가 크다. 자주 생각한다. 엄마는 나에게 어떤 존재인지, 왜 '엄마'라는 단어가 그렇게 마음을 아프게 하면서도 없어서는 안 될 고마운 존재인지, 그리고 나는 과연 내 아이에게 어떤 엄마인지를.

어린 시절을 돌아보면 나는 엄마와의 관계가 그리 좋지 않았다. 장남만을 위하고, 딸인 나는 다른 집 언니들과 늘 비교당하며 어린 나이부터 집안일을 거들어야 했다. 엄마가 장사를 했기에 집안일 돕는 것을 부당하다고 생각하지는 않았지만, 남자 형제들은 손 하나 까딱하지 않는데 나만 해야 했고, 그때 받았던 꾸중들에 대한 원망은 지금도 마음 한켠에 남아 있다. 시간이 많이 지났지만, 그 시절의 기억들은 아직도 선명하다.

 옷을 사러 가면 늘 때가 안 타는 칙칙한 색만 사주기에 친구들 앞에서 부끄러웠고, 성적을 잘 받아도 칭찬 한마디 듣기 어려웠다. 어린 마음에 '혹시 엄마는 계모가 아닐까'하는 생각까지 했었다. 그때의 나는 왜 엄마가 나를 이렇게 차갑게 대하시는지 이해할 수 없었고, 많이 외롭고 서러웠다.

 그런데 그 엄마가 내가 나이 들면서 언젠가부터 변하기 시작하셨다. 어쩌다 잘못된 판단을 하거나 힘들어할 때면 버틸 수 있게 버팀목이 되어주시고, 무슨 일을 하든 응원하고 지원해 주신다.

 시간이 흘러 같은 엄마의 입장이 되어 돌아보니 엄마의 삶이 녹록지 않았음을 알겠다. 성실하지만 마음을 알아주지 않는 남편과 넉넉지 못한 살림살이 속에서, 자식들 굶기지 않으려 새벽부터 일어나 일하시며 가족들 뒷바라지까지 하시느라 정말 많이 힘드셨을 것이다. 강한 심성도 아니시고 오히려 여리셨기에 세상을 살아가시는 게 더욱 힘들었을 텐데, 그래서 마음을 표현하며 사는 것조차 사치였을지도 모르겠다. 그 시절 엄마는 생존을 위해 자신의 감정을 숨기고 살아가야만 했던 것은 아니었을까.

 내 어린 시절을 생각하면 부모님의 응원과 지지를 충분히 받지 못해 불쌍하고 안타깝지만, 그 힘든 시절 외로웠을 엄마를 생각하면 마음이 아프다. 지금은 가족들에게 힘든 일이 있을 때마다 누구보다 든든한 버팀목이 되어주시고, 안타까워하시며 해결할 수 있도록 도와주신다. 어렸을 때는 몰랐는데, 엄마의 존재가 이렇게나 크다는 걸 이제야 안다. 시간이 흐를수록 엄마의 희생과 사랑이 더욱 깊이 와닿는다.

    나도 엄마이지만, 지금의 내 엄마처럼 되기는 쉽지 않을 것 같다. 내 아이가 사춘기로 힘들어할 때도 엄마는 내가 더 속상할까 봐 더 마음 아파하셨다. 지금도 돈을 벌기 위해서가 아닌, 내가 좋아하는 일을 하려 할 때도 진심으로 응원해 주시는 건 엄마뿐이다. 때로는 그 무조건적인 지지가 부담스럽기도 하지만, 그만큼 든든한 힘이 되어주는 것도 사실이다.
    시간이 흐를수록 엄마의 등이 점점 더 굽어가는 걸 보며 다가올 시간이 두렵다. 비록 나의 인생을 극적으로 바꾸지는 못했을지 모르지만, 버티고 살아갈 수 있게 해주신 분이다.
    언제나 곁에서 누구보다 자식 생각하고, 본인 몸보다 자식이 아픈 것을 더 걱정하시는 우리 엄마가 영원히 내 곁에서 건강하고 행복하셨으면 좋겠다. 이제는 내가 엄마의 버팀목이 되어드리고 싶다. 그동안 표현하지 못했던 마음을 담아 이렇게 글로나마 전합니다.

"엄마, 사랑합니다."

내 삶의 귀인

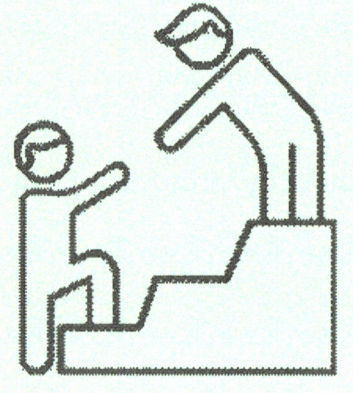

4장. 내 삶을 바꾼 귀인, '엄마'

31. 박재민 내 삶을 바꾼 귀인, '엄마'	**32. 김선화** 당신은 내 삶의 귀인입니다
33. 윤준서 귀 인	**34. 최민재** 내 주변 모든 사람이 귀인
35. 박소영 팔랑귀라서 복 받은 나	**36. 김경애** 내 인생의 귀인, 보석 같은 인연
37. 강다윤 나의 DNA를 바꿔주신 어머니 한윤주님	**38. 신선주** 내 인생 세 명의 귀인
39. 데보라 분노하는 방법을 알려준 귀인	**40. 김영란** 평생 배움을 꿈꾸는 어른

no.31

박재민

❏ 소개

13년간 보험왕의 길을 걸어오신 나의 어머니의 소중한 아들
보험설계사

❏ 연락처

1. 이메일 : pchlover2000@naver.com
2. 네이버 검색 : 박재민

내 삶을 바꾼 귀인, '엄마'

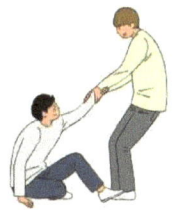

어머니는 유년 시절 나에게 마법과 같은 존재였다. 내가 좋아하는 음식을 금세 만들어 주셨고, 내가 원하는 것은 무엇이든 아낌없이 채워주셨다. 그런 어머니를 강인하고 완벽한 분이라고만 생각했다.

하지만 시간이 지나면서 어머니께서 고정 소득이 없으셨던 아버지를 대신해 가장의 무거운 짐을 홀로 짊어지고 계셨다는 것을 알게 되었다. 그 무게는 암 수술과 당뇨로 이어졌고, 결국 인슐린 주사를 맞아야 하루를 버티실 수 있는 상태가 되었다. 강인함의 이면에 약한 몸과 고단한 삶을 숨기셨던 어머니를 보며, 나는 어머니가 단지 강한 분이 아닌, 진정으로 위대한 분이라는 것을 깨달았다.

그럼에도 어머니는 늘 가장 먼저 일을 시작하시고 가장 늦게 일을 마치셨다. 흔들리지 않는 어머니의 뒷모습은 나에게 나침반과 같은 존재였다. 삶의 방향을 잃었을 때, 어머니의 성실함은 내가 다시 일어설 힘을 주었다.

고등학교 시절, 나는 친구들과 함께 랩 동아리를 결성하며 평소 하고 싶었던 랩 활동을 시작했다. 장비와 학원 등 많은 비용이 필요했지만, 어머니는 "하고 싶으면 제대로 해라"라며 흔쾌히 지원해 주셨다. 어머니의 응원 덕분에 나는 작사와 작곡을 시도하며 고등래퍼에도 도전했다. 결과는 탈락이었지만, 어머니는 "실패는 끝이 아니야. 다시 시작하면 돼"라고 말씀하시며 나를 다독여 주셨다.

고등학교 졸업 후, 나는 음악을 더 깊이 배우고자 오스트리아 유학을 계획했다. 가족과 함께 유럽 여행을 다녀온 후 오스트리아에서 느낀 강한 인상이 내게 큰 영향을 주었기 때문이다. 어머니는 입시학원에서 유학 컨설팅까지 하셨기에, 나는 유학 준비를 비교적 수월하게 할 수 있었다.

하지만 코로나19라는 전 세계적인 전염병이 모든 것을 멈춰 세웠다. 처음에는 잠깐이면 지나갈 것으로 생각했지만, 상황은 예상보다 길어졌다. 유학을 위해 준비하던 시간은 점점 더 어려워졌고, 결국 1년 정도 대기 후 유학을 포기할 수밖에 없었다. 그 시기, 나는 방황하면서 시간을 어떻게 보내야 할지 모르겠다는 생각에 빠지기도 했다.

그 후, 어머니의 격려에 힘입어 헤어 미용이라는 새로운 길에 도전했다. 어머니는 이번에도 나의 결정을 존중하며 지원을 아끼지 않으셨다. 그러나 약 2년간 미용을 배우고 일한 끝에, 나는 다시 미용을 중단하게 되었다. 그때에도 어머니는 "너와 맞지 않았을 뿐이지 실패한 게 아니야"라고 말씀하시며 나를 다독여 주셨다.

어머니의 모습은 언제나 내게 큰 위로가 되었다. 어머니처럼 나도 도전해 보고 싶다는 생각이 들었다. "보험 영업을 해 볼까?" 거실에 가득한 어머니의 트로피와 상장들이 그녀의 길이 얼마나 빛나는지를 보여주었다. 어머니께 내 뜻을 조심스럽게 전했을 때, 어머니는 신중한 모습을 보이셨다. 보험 영업이 단순한 일이 아님을 그때 직감할 수 있었다.

어머니는 나의 선택을 존중하며, 내가 어려움에 부딪힐 때마다 끝까지 나를 응원해 주셨다. 보험 설계사로 첫발을 내디딘 후, 첫 달에 단상에 올라 성공 소감을 발표할 수 있었던 것은 어머니의 변함없는 지지 덕분이었다.

평생을 자식만을 위해 헌신하시며, 자신의 건강마저 희생하신 어머니. 그럼에도 누구보다 열정적으로 자신의 길을 걸어가신 어머니는 내 삶의 귀인이자 가장 큰 롤모델이다. 어머니의 굳건한 삶의 자세는 언제나 나에게 힘과 용기를 주며, 내가 어려운 순간을 넘어설 수 있게 만들어 준다. 나는 이제 어머니와 같은 길을 걸어가며 그 길을 빛내고 싶다.

no.32

김선화

❑ 소개

1. 영산대학교 겸임교수
2. 청소년지도사
3. 출판지도사
4. 아동권리교육강사
5. 연우심리연구소 U&I 학습. 진로상담전문가
6. 초등학교 문해교원
7. 청소년자원봉사소양교육강사

❑ 연락처

블로그: https://blog.naver.com/sunhwagiyo

당신은
내 삶의 귀인입니다

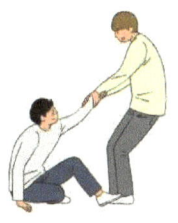

기억을 더듬어 본다. 어떤 건 어제 일처럼 떠오르기도 하고, 또 어떤 일은 도무지 생각이 안 나기도 한다. 그래도 나름 기억력이 좋다는 말을 들었는데 이제는 내가 기억하는 일이 정말 사실인지 의문을 던진다. 내가 지금까지 살아 낼 수 있었던 건 나 혼자만의 힘은 아니다. 그럼 어떻게 여기까지 왔을까? 기억하고 싶은 것과 그렇지 않은 것으로 나누는 것처럼 삶에 영향을 준 사람은 다양한 방법으로 내게 접근했다.

무거운 배낭을 짊어지고 마을버스를 타는 소녀가 있다. 차 안은 이른 아침 출근하는 사람들로 북적인다. 그 속에 아랑곳하지 않고 당당하게 두 자리를 차지하고 앉은 당돌한 소녀, 그 소녀는 토요일 아침 회사에 출근하여 퇴근 후 무박 산행이 계획되어 있다. 지친 삶 속에서 피곤한 몸을 이끌고 악으로 깡으로 정상을 향해 앞만 보고 나아가는 소녀는 그렇게 무박 산행을 하고 돌아오면 한 주를 시작하는데 현실의 어려움을 이겨낼 수 있었다.

그때 만난 곱슬머리의 소년이 가벼운 몸으로 산 정상을 뛰던 모습이 기억이 남는다. 그때 그 소년이 지금의 남편이 되었다. 결혼을 통해 난 세상의 참맛을 경험할 수 있었다. 이 만남은 내 인생의 악연일까? 귀인의 만남일까? 동전의 양면, 천재와 바보, 빛과 그림자, 오르막과 내리막일까?

내 삶의 귀인에 대해 생각하면서 이런 말들이 떠오른 이유는, 우리의 인생이 오르막과 내리막의 기복이 서로 연결되어 있음을 알기 때문이다. 산행에서 너덜지대를 넘어서야 정상의 공기를 마실 수 있다. 생명의 끈을 놓고 싶을 정도의 어려움을 경험하고 나서야 살아 있음에 감사하게 된다.

방 두 개에 다락이 하나 있는 집, 신혼집을 구하고 있을 때 수줍게 문을 열어주던 비슷한 또래 새댁이 떠오른다. "이사 가고 싶어요." 난 울림 없는 아우성에 응답하듯 둥지를 지었다. 그 보금자리에서 난 첫째 아들을 낳았다. 나에게서 어쩜 이런 보물이 태어났을까? 감사하고 마냥 신기하다. 자연분만으로 태어난 아들, 입을 작게 오므리고 하품하는 모습, 만화 속의 주인공 닐스의 짙은 눈이 연상되는 우리 아들의 깊고 맑은 눈동자를 보는 순간 난 가슴이 벅차올랐다.

아이를 안고 옥상으로 올라가 붉은 노을 속을 비집고 밝게 비추는 햇살을 향해 아이를 두 손으로 번쩍 들어서 내 머리 위로 올렸다. 짙은 눈동자가 너무 깊어서 맑고 투명하게 빛나는 눈을 가진 아들을 통해 소녀라는 이름에서 어머니라는 존재로 거듭나게 되었다. 소녀였던 나를 어머니로 바꾼 것은 작은 손을 잡고 세상을 걷게 한 나의 아이였다.

어머니라는 이름은 위대하다. 나를 통해 이 세상에 천사가 태어났다. 작은 입으로 나의 젖을 힘 있게 빨고 있는 모습이 너무 귀엽고 사랑스러운 아이가 지친 나의 몸을 두 팔을 벌리고 맞아 준다. 내 머리가 커서 다 감싸기도 버거운데 사랑스러운 아이의 기운은 차가운 몸을 녹여주었다. 왼쪽 겨드랑이 사이로 머리를 파묻고 있으면 세상의 모든 시름이 사라지고 난 아기의 아기가 되어 잠이 들었다. 가슴이 따뜻하다. 큰아들은 머리로, 작은 아이는 가슴으로 내게 생명을 주었다.

소진된 에너지를 충전하기 위해 악으로 깡으로 내 달렸던 산행에서 남편을 만났고, 그 속에서 휘몰아치는 폭풍을 경험하면서 숨기도 하였다. 하지만 삶은 밑바닥에서 몸부림치는 나에게 '살아야겠다'라는 생각을 할 수 있게 했고 지금의 자리에 있기까지 성장하도록 영향을 주었다.

내가 포기하고 싶을 때 아들은 "엄마 해보세요."라고 격려와 힘을 주었다. 목구멍이 말라 숨쉬기가 어려울 때 한 모금의 옹달샘이 내 생명의 숨통을 터 주는 것처럼 지쳐있는 나에게 힘을 실어 주는 딸이 있었기에 터지지 않고 지금의 모습을 내비칠 수 있는 것이다.

많은 인연 속에서 내가 존재할 수 있고, 그들의 도움 없이는 지금의 나도 존재할 수 없다. 그들로 인해 지금의 모습을 아름답게 여기고 힘든 현실 속에서도 살만한 세상이라고 느낄 수 있는 이유는 내 인생에서 귀한 가족들이 있기 때문이다.

내가 가장 힘든 시기에 손을 내밀어 준 고마운 남편, 어머니라는 이름으로 힘이 되어 줘야 하는데 오히려 살아가는 힘을 얻게 해준 나의 아이들. 당신은 내 인생의 모든 답입니다.

당신은 내 인생의 귀인입니다.

no.33

윤준서

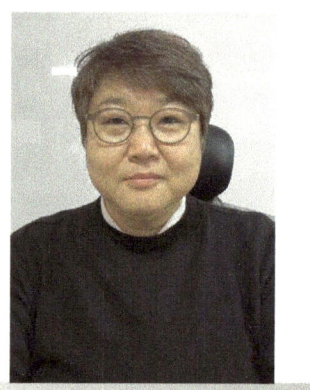

□ 소개
1. 수학학원 원장
2. 개념원리 검토위원
3. 아로마테라피스트

□ 연락처
E-mail : ricca0204@naver.com

귀인

 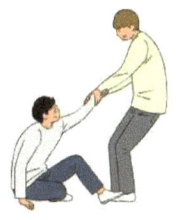

귀인 〈貴人〉: 신분이나 지위가 높은 사람.
나에게 귀인이란 어떤 의미가 있을까?

나는 1933년생 아버지와 1937년생 어머니 사이에서 7남매 중 여섯째로 태어났다. 아버지는 당뇨병에 의한 인슐린쇼크로 51세 나이로 세상을 떠나셨고 어머니는 고 관절 골절에 의한 패혈증으로 73세 나이로 세상을 떠나셨다. 아버지께서는 카투사로 군복무 후 미군 부대에 재직하시며 돌아가시기 직전까지 근무하셨다. 그 덕분에 우리 가족들은 그 당시 또래 아이들은 구경하기도 힘든 여러 가지 고열량, 고지방의 음식들을 많이 접할 수 있었고 주변인들의 부러움 가득한 시선을 즐기며 살았다.

아버지는 다른 무엇보다 그런 음식들을 먹을 수 있다는 것을 자랑스럽게 생각했었던 것 같다. 하지만 안타깝게도 지금은 부모님이 유산처럼 남겨주신 당뇨, 고혈압, 신장, 심장 등 여러 가지 병으로 일찌감치 멀리 타국에 살고 있는 큰 언니를 제외하고는 3남매만 남아있는 상황이다. 그나마 다섯째로 태어난 오빠는 뇌출혈로 인해 반신불수가 되었고 2024년 신장투석을 하던 동생의 죽음을 끝으로 이제 우리 형제 중 정상적인 사람은 나와 셋째로 태어난 언니뿐이다.

동생의 죽음으로 몇 년 전 간신히 극복했던 우울증과 무기력증이 그 전과는 비교도 할 수 없을 만큼 더 심하게 뒤덮었고 내가 가장 좋아하는 일인 수업조차 못 하게 되었다. 도대체 왜 우리 가족에게만 이런 비극들이 줄 서서 기다렸다는 듯 오는지 하늘을 원망하며 하루하루 더 깊은 동굴을 파며 들어가고 있었다.

그러나 그 동굴이 내가 살기 위해 파 놓은 피난처였다는 걸 알게 된 건 그리 오래 걸리지 않았다.

15층에 혼자 살고 있는 나에 대한 불안함에 주말마다 와서 또 한 주를 살아갈 수 있도록 아무 말 없이 준비해 주고 매일 아침, 점심, 저녁으로 안부를 확인해 주는 92km, 120km 밖에 살고 있는 두 지인이 있었다. 동생 장례식 내내 자기 일들을 모두 미루고 하루 종일, 심지어 밤을 새우며 같이 슬픔을 나눠 주던 친구들이 있다는 걸 그 동굴 안에서 발견할 수 있었다.

세 번째로 태어난 언니는 본인이 원한 적도 없이 어느새 가장이 되어버렸다. 평소 건강한 생활 습관으로 나이보다 10년은 젊어 보이던 언니는 막냇동생과의 이별로 나이보다 10년은 더 늙은 모습으로 나를 걱정하며 보살피고 있었다.

문득, '그러고 보니 언니에게 장애 없이 살아있는 동생은 내가 유일함'을 깨닫게 되었다. 이러고 있으면 안 된다. 내가 느끼고 있는 슬픔과 공허함보다, 나에게 내색하지 못할 뿐이지 언니의 슬픔은 불안함까지 더해 더 크게 느끼고 있을 것이란 걸 망각하고 있었다.

슬픔이란 핑계로 부정적인 정서를 표출하며 주변인들에게 큰 피해를 주었고 불행감의 구렁텅이로 몰아가고 있었다. 내가 무슨 자격으로...

그들로 말미암아 나는 인생을 배우고, 내 자리를 찾아가고, 나 자신을 사랑하게 되며 더불어 타인을 생각하는 마음까지 배우게 된다. 이들은 내 인생에 아주 중요한 자리를 차지하고 있었다. 이런 이들이 내 곁에서 나를 항상 지키고 있는데 더 이상 뭐가 필요한가? 언젠가 나에게 '인복도 더럽게 없다'라는 말을 해준 그 어떤 이에게 묻고 싶다. "지금 내 주위에 있는 이들 같은 사람들이 당신 주변엔 있느냐?"고 아마 그 사람은 제 발등을 찍을 것이다.

누군가는 '생각하기 나름이고 마음먹기 나름이지.'라고 한다. 하지만 '일체유심조〈一切唯心造〉'라는 말로 포장할 수 없는 이들이 내 주위엔 있다.

나에게 귀인이란?

'신분이나 지위가 높은 사람'이 아니다.

내 주위에서 나를 끝까지 믿고 시간이 좀 걸려도 기다려주는 조카들을 비롯한 가족들과 친구, 후배, 지인들..

'귀한 인연' 그들이 그 자체로의 귀인들이다.

오늘도 난 나의 소중함을 일깨워주는 내 귀인들의 사랑과 정성을 듬뿍 받으며 1cm 더 성장하고 있다.

난 참 복도 많지.

no.34

최민재

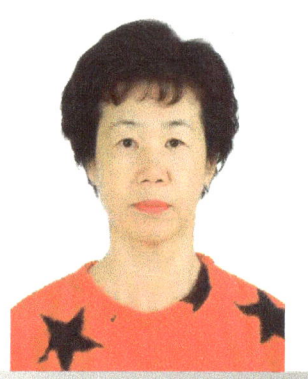

❏ 소개
1. 초보 시니어 작가 대표
2. 강원 평창 출생
3. 직장 25년 근무 후 퇴직
4. 현재 시니어 작가로 재출발

❏ 연락처
네이버 검색: 최민재

내 주변
모든 사람이 귀인

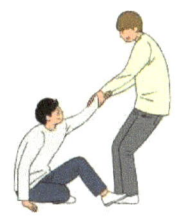

'나에게 귀인은 누구일까?' 생각해 보았다. 어릴 때는 똥 기저귀 갈아주고 어르고 보듬어 주며 따뜻하게 보살핌을 잘해 주시던 부모님이 떠올랐다.

학창 시절에는 학교 선생님이 바르고 착하게 자라서 사회의 일꾼이 되라고 모르는 지식을 분필 가루 날리며 가르쳐 주셨다. 그래서 나도 크면 학교 선생님이 되겠다는 꿈을 가졌었다. 학교에서 세계지도를 배울 때 오대양 육대주의 지구와 세계의 모양과 인구들을 알게 된 것이 지금도 기억난다. 태양계와 우주가 만들어진 이야기와 모양을 알며 신기해했다.

사회에 나와서는 직장 상사가 나에게 귀인이었다. 상사의 지시로 과제를 이행하다가 모르는 것은 물어보고 어떻게 하면 더 잘할 수 있을지를 연구하고 필요하면 동료들에게 자문하며 일들을 처리했다. 내가 감당해야 할 일들을 부드럽고 확실하게 해결할 수 있도록 도와주었던 직장 내 선배와 동료분들이 모두 감사한 귀인이었다.

결혼하고는 시댁 어르신들이 내 귀인들이었다. 나의 미숙한 반찬 솜씨에 너그러이 전라남도의 손맛을 알려주시던 시어머님 덕분에 지금은 나박김치를 맛있게 담글 수 있는 수준이 되었다. 김치를 비롯한 여러 가지 전라도 음식을 맛있게 만드는 방법을 배울 수 있었다.

　　지금은 모든 지식이 온라인상에 다 있다. 내가 알고 싶은 것을 검색하면 네이버가 상세하고 친절하게 다 알려준다. 유튜브에서는 동영상으로 생생하게 보여주어서 나의 궁금증을 해결해 주고 현장에서 보는 느낌을 주며 귀와 눈을 즐겁게 한다. 참 편리하고 좋은 세상이다.

　　과거 인터넷 발달이 안되었던 시절에는 배우기 위해 일일이 여러 지역의 선생님을 찾아다니느라 비싼 수강료를 지급했다. 그랬기에 많은 교통비와 시간을 들여서 배웠으나 지금은 핸드폰이 내 귀인이 되었다. 내가 필요한 지식이 내 질문에 의해 내 앞에 펼쳐진다. 이제는 사람을 만나서 필요한 것을 구하는 시대가 아니다 핸드폰과 컴퓨터로 나의 알고 싶은 물음만 있으면 현장감 있게 모든 것을 알려준다.

　　유튜브에 동영상을 올리고, 네이버에 글 쓰시는 분들이 내게는 귀인들이다. 그 귀인들은 내게 부족한 것들을 채워주고, 일상생활과 자기 계발에 필요한 노하우, 지식, 정보 등을 아낌없이 내어준다. 깊이 있고 고급스러운 내용을 발견해서 볼

때는 귀한 보석을 얻은 듯하다. 숙달되고 지혜가 돋보이는 정보와 지혜들은 내 삶을 더욱 풍요롭게 만들어준다.

나도 다른 사람의 귀인이 되기 위해 나의 배움을 갈고닦아야겠다고 생각했다. 내가 할 수 있는 일이 무엇이 있을까를 하다가 나도 생산자가 되기 위해서 이번에 글쓰기 책 쓰기에 도전했다. [나연구소] 우경하 대표가 진행하는 자서전출판지도사 4기 수업을 듣고 있다. 잘 배워서 나도 누군가의 글쓰기 책 쓰기를 도와주는 귀한 일을 하는 사람이 될 것이다. 잘 지도해 주시는 나연구소 우경하 대표에게 감사드리며 현재 나의 귀인이다.

생명의 은인이자 물질적으로 성장할 수 있는 도움을 주는 인연으로, 삶을 바르게 바꾸어줄 멘토 같은 분을 만나는 인연으로, 정신적 멘토를 해주는 삶의 방향을 이끌어 주는 인연으로 나 스스로가 귀인이 되어 좋은 인연들이 오도록 해야겠다.

no.35

박소영

❏ 소개

1. 자연을 담은 사람 자담인 비전점 가맹대표
2. 건강 상담 전문가
3. 신비로운 홍채분석 전문가
4. 독서지도사
5. 상담매니저 교육강사

❏ 연락처

1. 전화: 010-9285-9080
2. 이메일: soyoung90800@naver.com

팔랑귀라서
복 받은 나

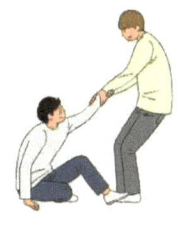

어릴 때부터 키도 크고 날씬했던 나는 아픈 적이 별로 없었다. 그렇게 건강만큼은 자신 있다고 자부하며 잘 살고 있었던 30대 후반 나는 언제부터인가 두통약과 산부인과 약 없이는 살기 힘든 상태가 되었다. 20대 후반에 시작된 기미는 40대가 넘으니 양쪽 볼에 새까맣고 진하게 생겨서 화장으로도 커버가 잘 안되었다. 어느 날 친구 따라갔던 병원에서 피검사를 했는데 당뇨 전 단계라고 했다.

젊은 나이에 당뇨라는 진단을 받다니 충격이었다. 당뇨가 얼마나 무서운지 알고 있었기에 그때부터 건강을 위해 이것저것 해보기 시작했다. 비싼 체형 보정속옷 입기, 여러 회사 건강보조식품 메가도스로 먹기, 온몸에 수시로 사혈하기, 왕 뜸 뜨기, 몸에 금침 박기, 이침 놓기, 팔체질 실천하기, 2리터 이상 물 마시기, 저염식 하기, 간식 챙겨 먹기, 뱃살 빼준다는 카복시 주사 맞기, 다이어트약 먹기, 해독주스 마시기, 금식하기 등 안 해본 것이 없었다. 유명한 한의원도 한걸음에 찾아다니며 몸에 좋다는 건 웬만한 건 다 해보았지만 항상 요요와 부작용으로 몸은 더 나빠지고 있었다.

그러다 2017년 초가을 때쯤, 평소 너무나 좋아하고 존경하고 신뢰가 있던 경순 언니에게서 전화 한 통이 왔다. "소영아 홍채 보러와" 이 말 덕분에 내 삶이 180도 바뀌게 될 줄은 그땐 정말 상상도 못 했었다. 상대의 얘기를 지나치게 믿고 잘 듣는 팔랑귀였던 나는 한걸음에 친구와 동생을 데리고 홍채를 보러 갔다.

거기서 알게 된 장의 냉기와 복압을 빼준다는 '장청'이란 것을 먹었는데, 3일 만에 변기가 막히도록 변이 나왔고 화장실을 자다가도 갈 정도로 많은 변을 보게 되었다. 살 빼는 프로그램은 아니었는데 정확히 6일 만에 3kg가 빠지는 경험을 하게 되었다. 이미 살 빼기 위한 여러 방법을 해본 경험이 있었기에 "어? 이게 뭐지?"라는 생각이 들었다. 이후 "소영아 힐링 캠프 한번 가봐 너무 좋아" 라는 경순 언니의 전화에 나는 바로 주소 하나 받아 들고 친구와 동생을 데리고 그곳을 찾아갔다. 지금의 자담인 (자연을 담은 사람)이 운영하는 청주 힐링 연수원이다.

1박 2일 동안 힐링연수원의 최송철 원장님 강의를 들으면서 마치 망치로 한 대 얻어맞은 듯한 느낌을 받았다. 평소 나는 TV에 나오는 전문가들이 하라는 것들을 거의 모두 하고 있었는데 자담인 건강법과 다 정반대로 하고 있었기 때문이다. 어릴 적부터 몸이 아파 무덤까지 갔다 올 정도로 건강이 무척 안 좋았고 몸집이 왜소했던 자담인 힐링연수원 최송철 원장님은 자신이 살기 위해 몸 공부를 하셨다고 했다. 여러 방면으로 공부하고 습득하고 실천하여 건강의 중심축을 깨달으시고 30년 넘는 노하우로 자연 건강법을 전파하고 계셨다. "물은 수시로 먹는

게 아니라 갈증이 날 때만 먹어야 건강해진다" "짜고 맵게 입맛대로 먹어야 건강하다" 등등. 이것이 올바른 건강법이라는 말씀을 하셨다. 그 이유가 구구절절 가슴에 와닿아 바로 자담인 건강법을 실천했던 것이 지금의 건강하고 행복한 나를 만들었다. 어느덧 8년이란 세월이 흘렀다. 한때 68kg까지 나갔던 몸무게는 현재 53kg로 아가씨 때 몸무게가 되었고, 피부는 화장품 판매하시는 분들보다 더 맑게 되었다. 그 경험을 바탕으로 현재는 자담인 비전점의 대표까지 맡게 되었다. 지금은 늘 고민하던 돈과 건강 걱정에서 멀어졌고, 건강 찾아 삼만리하고 계신 분들께 안전하게 약을 끊을 수 있는 식사법을 알려드리며 살고 있다. '냉기와 독을 빼고 건강해지면 살은 저절로 빠진다'는 자담인 식사법을 안내했더니 여기저기서 고맙다는 인사도 수시로 받으며 하루하루가 참 행복하다.

의사와 약사도 아닌 내가 누군가에 삶에 선한 영향력을 끼치며 살게 된 것은 너무나 사랑하고 닮고 싶은 김경순 언니의 전화한 통 덕분이다. 그때 나를 언니가 불러주지 않았더라면 아마 나는 지금도 잘못된 건강법을 열심히 따라 하며 여전히 물을 많이 마시고, 저염식을 하며, 유행하는 건강법으로 여기저기 헤매다 지금쯤은 큰 병원에 누워 있을 것이다.

건강이 바뀌면 운이 바뀐다고 한다. 건강이 바뀌고 실제로 운이 바뀐 나. 오늘의 나를 있게 한 최송철 원장님을 만나게 해주시고 내 삶을 다시 살게 해주신 생명의 은인인 김경순 언니는 자랑하고픈 귀인 중 귀인이시다.

"언니 진심으로 감사해요~."

no.36

김경애

❏ 소개
1. 소상공인시장진흥공단 전문위원
2. 지자체(지역자활기관, 여성단체 등)창업자문위원
3. 부산 외식전문미스터리 쇼퍼 1호, 푸드 평론가, NRA(미국식품위생관리사), 바리스타
4. 사회복지사, 건강가정사, 협동조합코디네이터, 산림교육전문가(숲길등산지도사)등 자격 다수
5. 저서(공저 및 감수): 프랜차이즈 실무, 창업경영론, 대박집의 비밀

❏ 연락처
1. 이메일: funlivekim7@naver.or.kr
2. 인스타: Kyungae Kim(그라미의 행복일기)

내 인생의 귀인,
보석 같은 인연

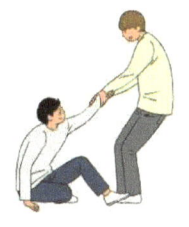

 내 삶을 바꾼 사람은 누구일까? 이 질문을 받자, 내 인생에서 고마운 사람들이 셀 수 없이 많다는 생각이 들었다. 가족, 선배, 후배, 지인들, 그리고 책이나 다양한 환경들도 나에게 영향을 주었지만, 그중에서도 특별히 내 삶에 큰 변화를 불러온 사람들을 떠올리며 이 글을 쓰기로 했다. 사실, 나는 생각보다 실천이 빠른 사람이다. 마음만 먹으면 바로 실행에 옮기는 성격이지만, 때로는 무척 소심하고 겁이 많다.

 몇 년 전, 나는 모 아웃브랜드의 도전 프로그램에 참여하게 되었다. 그 프로그램은, 국내 100대 명산을 선정하여 참가자에게 도전 과제를 부여하는 것이었다. 두려움이 앞섰지만, 나를 도와준 친구들이 있었기에 나는 그 길을 계속 걸을 수 있었다. 이 친구들은 내게 '보석 같은 존재'들이었다. 함께 길을 걷고, 서로를 응원하며, 내가 멈추지 않도록 도와주었다. 그들의 응원이 아니었다면, 아마 그 많은 도전을 마칠 수 없었을 것이다. 그들과 함께한 여정은 단순히 도전을 위한 시간이 아니라, 나 자신을 돌아보고 성장하는 시간이기도 했다.

 산과 길을 가면서 나와 함께 하는 사람들의 안전을 위해 전문 공부가 필요했다. 그러던 중, 코로나 시기에 서울의 한 기관에서 산악 안전을 체계적으로 배울 기회가 찾아왔다. 비대면 수업도 있었지만, 현장 수업에서 처음 접한 암벽 등반은 내게 엄청난 도전이었고, 그 과정을 통해 또 다른 귀인을 만날 수 있었다. 북한산의 정상에서 암벽을 오르고 있는 사람들을 멀리서 바라보았을 때, 그 세계는 나와는 완전히 다른 세상처럼 보였다. 그때는 전혀 상상도 하지 못했지만, 수업을 듣고 암벽을 오르면서 나는 점점 그 세계에 끌려갔다. 하지만 첫 경험은 절대 쉽지 않았다.

  암벽 앞에 서니, 손과 발이 떨리고, 한 발짝도 내디딜 수가 없었다. 그런 내게 뒤에서 "할 수 있다, 한 발만 떼면 된다"라는 격려의 목소리가 들렸다. 그때 나는 울먹이며 "못 하겠어요"라고 말했지만, 내 곁에 있던 친구는 침착하게, 그리고 인내심 있게 나를 이끌어주었다. 그 친구 덕분에 나는 조금씩 올라가서 마침내 정상에 도달할 수 있었다. 그 순간, 내가 경험한 두려움은 그 친구의 응원으로 극복되었고, 내가 느낀 감정은 말로 표현할 수 없을 만큼 벅찼다.

  이후, 그 경험을 통해 내게 더 큰 궁금증이 생겼다. '어떻게 그 친구들은 그렇게 자신감 있게 암벽을 오를 수 있을까?' 그들이 암벽을 오르는 모습을 보면서, 나는 그들의 능력뿐만 아니라, 그들이 가진 자신감과 강한 마음에 대해 배우기 시작했다. 그때부터 나는 더욱 깊이 그 세계를 배우고 싶었고, 마침내 **'누군가의 꿈을 이루어 준다**'라는 문구를 보게 되면서, 서울로 다시 기차를 타고, 암벽 등반을 배우러 가게 되었다. 그 여정은 쉽지 않았다. 나는 초보자였고, 처음 인수봉을 오르면서 느꼈던 두려움은 지금도 생생하다. 내가 경험한 불안과 두려움은 결코 간단히 넘을 수 있는 것이 아니었다. 그런데, 그때 내 곁에 있던 친구가 나를 걱정해 주며, 나를 이끌어줬다. 그리고 나중에 그 친구는 내가 너무 위험하게 도전했다고 경고했다. 처음에는 서운하기도 했지만, 지금 생각해 보면 그 친구의 조언 덕분에 자 자신을 더 단단히 다질 수 있었다.

그 후 나는 부산 등산학교와 한국 등산학교에서 기본 과정을 배우며, 등반에 관한 기술과 안전에 대한 중요성을 배웠다. 그때 내가 배운 것들은 단순히 산을 오르는 기술에 그치지 않았다. 내가 어떤 일을 시작할 때, 부족하다고 여겨서 두려워하는 것이 아니라, 그 부족함을 채우고, 조금씩 나아가는 과정에서 진정한 성장이 이루어진다는 것을 깨달았다.

나를 이끌어 준 사람들, 나에게 용기를 주고 도와준 귀한 인연들에 항상 감사한 마음을 가지고 있다. 그들이 없었다면, 나는 지금의 내가 되지 못했을 것이다. 그들의 응원과 사랑이 있었기에, 나는 두려움을 넘어서, 새로운 도전을 맞이할 수 있었다. 이제 나는 그들에게 받은 사랑과 가르침을 바탕으로, 내가 받은 도움을 다른 이들에게 되돌려 줄 수 있는 사람이 되고자 한다. 내 인생의 귀인들에게 깊은 감사의 마음을 전하며, 앞으로도 그들의 가르침을 마음에 새기고 살아가겠다.

no.37

강다윤

❑ 소개

1. 대체의학요법연구 18년 경력
2. 소루힐링대체요법센터 원장
3. 사)국제두피모발협회 강사
4. 조선대학교 보완대체의학박사
   논문 '성인여성에서 경부체형 및
   폐활량 변화에 대한 소루요법의 효과'
5. '나도 조향 한다' 저자(유페이퍼 전자책)

❑ 연락처

1. 주소: 서울시 서초구 매헌로 23 3층 소루힐링대체요법센터
2. 블로그: https://m.blog.naver.com/asako21

나의 DNA를 바꿔주신
어머니 한윤주님

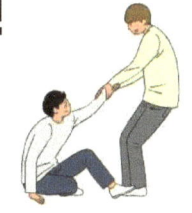

    2024년 12월 03일 밤 10시 30분 '비상계엄 선포' 윤XX.
지금 나는 함께 사는 한윤주 교수님과 한참 즐겁게 식사 후 연말 파티 택배 언박싱 중이었다. 그런데 유튜브에서 흘러나오는 계엄령 소리가 점점 우리의 귀를 의심케 하고, 눈은 더없이 커지고 입은 쌍욕이 솟구쳤다. 30분이 흘러 교수님께서 주섬주섬 옷을 챙기신다. 또, 30분이 흘렀다. 교수님은 완전히 무장하셨다. 나는 교수님께 묻는다 "설마 나가시려고요?" 대답하셨다 "이대로는 못 있겠어요". 아차차 더는 안 되겠구나 싶어 나도 채비하고 교수님과 함께 국회로 향했다. 새벽녘이 된 지금, 비통하게 시린 찬바람이 심장을 때렸다. 교수님께서 "내 평생에 2번의 계엄이라니" 하고 눈물을 토해 내셨다. 사실, 나 혼자였더라면 안일한 생각과 내가 아닌 다른 누군가에게로 할 일을 미뤘을 것이다. 하지만, 그날 내가 행동한 것은 국민의 한 사람으로서 책임과 의무를 다했고 자랑스럽다. 비로소, 대한민국 국민으로서 권리행사를 잘 할 수 있을 것 같다. 이런 의식을 내게 심어주신 분이다.
    내 인생의 귀인을 만난 것은 2019년 1월 운기 학회 세미나였다. 당시, 나는 대체의학을 접목시킨 에스테틱샵을 운영하였고, 의학박사 한윤주 교수님은 그렇게 내가 갈망하던 1%의 사람 살리는 일을 하시는 분이셨다. 그분도 한눈에 나를 알아보시고 애제자로 삼아주셨고 그날 이후부터, 혹독한 긴 여정의 공부와 훈련이 시작되었다. 그해 바로 대학원에 진학했고, 대운? 새운의 시작이 되어서인지 그 인연법에는 절대 공짜가 없었다.

　대학원 석사 과정을 마치고 박사를 진학할 때, 내 인생의 크나큰 위기와 직면했다. 내 인생에 있을 수 없는 오점 같은 '이혼소송'에 직면했다. 그때만 해도 젊음의 객기로 "올 테면 와보라 까짓것 내가 한 번에 밟아주마" 하고 시작됐던 법정소송이 되려, 내가 짓밟히고 만신창이가 되어 추악한 인간들의 면모를 들춰보고 마지막 선택을 해야 하는 찰나였다. 나는 해외여행을 가장해 북유럽 산악 단지에서 생을 마감하려 계획했다. 여행 잘 다녀오라며 한 교수님께서 용돈을 주셨다. 흔히 듣는 대수롭지 않은 '여행 잘 다녀오라'라는 한마디와 용돈이 뭐라고? 왜 이리 내 가슴이 에이고 아픈 것인지? 그동안 나를 아껴주고 믿어주신 신뢰를 깰 수 없다는 핑계가 생겨 나의 계획은 무산되었다. 사실, 진짜! 잘 살고 싶은 나의 아우성일지도 모르겠다.

　사건이 종결되기 전까지 내 심장은 오래된 냉장고 소리를 내뱉으며 석~석 힘겹게 펌프질했고, 이명과 함께 나의 장기들은 녹아내려 치아마저 제 자리를 이탈했다. 급격한 신체 노화와 함께 내 몸의 주인은 이미 다른 이로 가득 차버렸다. 겨우 내 껍데기 자존심 하나 붙들고 부들부들 버티고 있을 때였다.

조심스레 교수님께서 "내 몸 잘 부탁해~" 말씀하시며 당신 몸 치료 소루 시술비라고 2천만 원을 용돈 주듯 주셨다. 그리고 내 손을 꼭! 붙잡고 "그냥 다~ 줘버려 나랑 서울 함께 가자!" 한마디 하시고 나를 서울로 초대해 주셨다.

그때부터 내게는 새로운 어머니가 생겼다. 친모도 보지 못할 나의 피폐한 행색을 다 봐주시고 묵묵히 기다려주시고, 끝까지 공부하게 하시고, 강한 신념을 갖게 하시고, 옳고 그름의 분별력을 갖게 하시고, 나눔을 알게 하시고, 이 땅에서 해야 할 소명이 무엇인지까지. 이 글을 쓰고 있는데 눈물이 흐른다. 이런 분이 내게 또 있을까? '감사'라는 한 단어로 너무도 부족하기에, 찬란한 그 마음 가득히 내 가슴에 벅차오른다.

그분의 좌우명은 '자등명법등명' 스스로 등불이 되어 세상을 밝히고, 부처님의 법(진리)을 등불 삼으라! 즉, 스스로 자신의 삶에 의미를 부여하고 관습과 미신이 아닌 진리의 힘! 이성의 힘으로 살라. 이제는 나에 대한 확신으로 꽉 차 있어 충분하고, 나를 제일 많이 좋아한다. 모든 문제와 답을 내게서 찾을 줄 아는 사람이 되었다. 그분은 위기를 기회로 바꿔 어엿한 학자로서의 삶을 살게 하는 나의 DNA를 탈바꿈시켜 주셨다.

지금, 이 순간 내가 사유하고 누릴 수 있는 모든 것에 감사하다. 안전하고 따뜻한 안식처에서 창밖을 보며, 내가 좋아하는 달콤한 크림라떼 한잔 만끽할 수 있는 여유 참 좋다! 끝으로, 교수님을 만날 수 있게 나를 낳아주신 부모님께 더 없이 감사드린다.

no.38

신선주

❏ 소개

1. 주주케어(아름다운 삶의 주인공 그리고 케어) 대표
2. 동남보건대 피부미용과 졸업
3. 전 차움 테라스파 수석테라피스트
4. NAHA 국제아로마 테라피스트
5. ACCESS Bars facilitator
6. 심리 상담사 1급 자격증
7. 암환자 전문 심리 상담사 수료
8. BNI 사업가 모임 활동
9. 24시간 아로마 마음치유 대표

❏ 연락처

1. 인스타그램: annie_seonju_
2. 유튜브 검색: 애니의 일기

내 인생 세 명의 귀인

 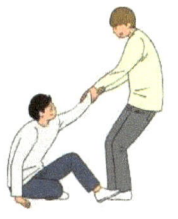

나는 지금 1인 사업가로 청담동에 [주주케어](삶의 주인공 그리고 케어) 라는 곳을 운영하고 있다. 나의 비즈니스는 04년도 수능을 한 달을 남기고 진로를 바꾸는 것부터 시작이 되었다. 인문계 대학 진학을 목표로 하다가 갑자기 바꾼 전공은 지금까지 내 삶의 선택 중에서 가장 잘했던 선택 중에 하나인 것 같다.

05학번으로 동남보건대 피부미용과에 진학하면서부터 지금의 [주주케어] 원장 '신선주'가 있기까지 크고 작은 많은 일들을 겪었다. 좋은 사람들을 만났고 많이 울기도 했고 웃기도 했다. 누군가는 그것을 '산전수전'이라고도 부른다.

그럴 때마다 나를 도와주었던 내 인생의 멘토가 되어준 귀인들을 위해 이 글을 쓰고 있다.

☑ 첫 번째 귀인: 꼼나나 박제희 교수님

그녀와 나의 인연도 이제 20년 되었다. 처음 대학교 강사와 학생으로 만났다. 우리는 내 인생의 첫 번째 시련(학교와 회사 간의 이해관계에 있어서 어쩔 수 없는 선택을 하고 힘들어했던 일)이 왔을 때 박제희 교수님은 분야는 다르지만 같은 미용 계열에서 진심 어린 조언을 해주셨다. 그때 당시 나는 나보다 나이가 많거나 경력이 많은 사람에게 시기와 질투를 받고 있었다. 박제희 교수님은 당신이 겪었던 일들을 돌아보며 "너보다 뛰어난 사람이 시기와 질투를 하는 것은 그들이 어쩌면 너의 자질이 그들보다 뛰어남을 느끼기에 불안함을 느껴서 나오는 행동일 거야"라고 알려주셨다. 지금까지 나는 교수님의 이 교훈 덕분에 누군가 이유 없이 나를 시기하거나 질투하는 것에 휩싸이지 않고 피부관리 업계에서 많은 사람에게 힐링을 해줄 수 있었다.

☑ 두 번째 귀인: 스티븐 이경훈

'드림트립스'라는 여행 비지니스에서 스티븐을 만나게 되었다. 스티븐은 그곳에서 억대 연봉을 받는 분이셨다. 처음 스티븐을 만났을 때는 부자에 대한 동경의 마음이 있었다. 스티븐의 인생을 자세히 설명할 수는 없지만, 그는 많은 경험을 통해 의식의 성장이 행복한 부를 끌어당긴다는 것을 몸소 체험했다고 했다.

스티븐은 '행복한 백만장자'라는 부의식 강연을 만들고 우리에게 부의식이 무엇인지 내가 어떤 부분에서 가로막혀 있었는지에 관한 강의와 명상 등을 지도해 주었다. 그 와중에 Access Bars(생각 정화 테라피)도 경험할 기회를 주었다. 내 인생에 있어서 스티븐과 Access Bars(생각 정화 테라피)는 매우 큰 영향을 주었다. 스티븐을 통해 지금의 남자 친구와 연애를 시작하게 되었고, 행복한 한국어를 통해 일본 출신 한국 아기 다온이를 만나게 되었다. 모든 순간이 에고와 부딪히고 울고 웃으며 나는 그렇게 더 많은 성장을 하게 되었다. 지금은 스티븐과 나는 나이를 뛰어넘는 친구라고 말할 수 있는 사이가 되었다.

☑ 마지막 나의 귀인: 남자 친구

지금까지 나의 겉모습으로 인해 주변 사람들에게 "선주 씨는 사랑을 많이 받고 자란 사람 같아요. 하고 싶은 거 다 하고 살았을 것 같아요"라는 많을 많이 듣고 살았다. 그렇지만 나는 1남 3녀의 막내로 태어나 사랑을 받으려면 내가 먼저 움직여야 한다는 것을 본능적으로 느끼고 살았다.

어떤 친구는 그러는 나를 보고 애정결핍이 있는 것 같다고 말했는데 그때 충격이 아직도 생생하게 느껴진다. 내 이미지는 하고 싶은 말을 다 하고 사는 사람 같지만, 실상은 속마음은 잘 표현 못하는 사람이었다. 나의 밝은 에너지로 주변 사람들의 고민 상담이 많았던 것들도 한몫했다. 지금도 나는 속마음을 다 말하지는 못하지만, 지금의 남자 친구가 표현할 수 있게 많이 도움을 주었다. 지금도 남자 친구에게 트레이닝을 받고 있다.

생각해 보면 나의 삶에서 매 순간 귀인들은 존재했다. 좋았던 순간, 힘들었던 순간 나는 성장하고 깊어지고 넓어졌다. 좋은 인연 나쁜 인연 모두가 나를 성장시켰다. 그 수많은 귀인에게 우주와 같은 감사와 사랑을 남긴다.

no.39

데보라

❏ 소개

1. For Me Skincare LA 원장
2. 친환경 K 뷰티 메니져
3. 림프관리 두피케어사
4. 건강림프 체조 강사
5. 환경 살리기 길거리 청소팀 창립멤버
6. 파크골프지도자 1급 자격증 보유
7. 전자책 (내 딸 명문대 보낸 싱글맘의 미국생활)저자

❏ 연락처

1. 유튜브, 인스타, 스레드, 틱톡: @holeinonedl73
2. 이메일: holeinonedl73@gmail.com

분노하는 방법을
알려준 귀인

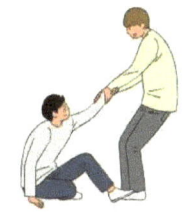

"너는 동생이 생겨서 그렇게 좋아?"

의사 선생님은 계속 딸아이에게 같은 질문만 한참 동안을 하고 있다가 나를 한번 살짝 바라보더니 청진기만 배 위에서 몇 바퀴째 헛돌리고 계셨다. 첫아이 이후 10년 만에 생긴 아기라 잔뜩 기대한 남편과 나 그리고 8살짜리 딸아이가 함께 병원을 갔던 2007년은 내 인생에 제일 잔인했던 날이었다.

'계류유산.' 마른하늘에 날벼락 같은 선생님의 이 말에 내 눈에서 닭똥 같은 눈물이 멈추지를 않았다. 아기는 몇 주 전부터 뱃속에서 숙어있는 상태지만 임신 증상이 아직 남아있기 때문에 입덧하는 것이라고 했다. 심한 스트레스와 과로가 가장 큰 원인이라고 하면서 산모의 안전을 위해서는 당장 사생아 제거 수술을 해야 한다고 했다. 건강한 아기를 기대하고 간 나는 매우 당황스러웠다.

3일 후 수술 예약을 하고 돌아오는 길에 올려다본 태양은 가을을 뽐내듯 따갑게 내리쬐고 있었고 내 눈에서는 폭풍 비가 휘몰아쳤다. 눈물이 범벅되니 눈이 따가웠다. 심장이 찢어지듯 아팠고 하늘이 무너지는 고통이 내 살들을 후벼 파는 것 같았다. 한참 미국 생활에 적응하는 중이었고 타국의 문화와 신분 해결 문제로 혹독한 이민 생활을 하고 있을 때 일어난 일이었다. 나도 모르게 세상을 향한 분노가 생겼고 나를 힘들게 하는 모든 것에 복수하겠다는 다짐이 가슴 깊은 곳에 자리 잡았다. 어쩌면 이 상황에 대한 책임을 다른 이들에게 덮어씌우려는 나의 억지이기도 했다.

　동생이 생겼다고 좋아하던 딸내미는 자기 방에 들어가 몇 시간째 나오질 않고, 입덧하는 것을 보면 분명 아들 같다고 확신하던 남편은 베란다에 앉아 몇 시간째 죄 없는 담배만 연거푸 피워댔다. 모두 처음 겪는 일이라 힘들어하고 있는데 나도 정신적으로 힘든 상태라 어떻게 위로하고 상처를 보듬어 주어야 할지 잘 몰랐다.

　며칠 후 수술을 하고 눈을 떠 보니 아직도 배 속에 아기가 있는 것 같아 내 안의 분노가 다시 올라왔다. 아기와 함께 나도 죽고 싶다는 극단적인 생각이 순간 들었다. "신은 부모가 감당할 수 있는 아기만 이 세상에 보낸다고 해요. 지금은 산모의 건강만 생각하세요." 이불을 어깨까지 덮어 주며 푹 자고 일어나면 통증이 가라앉을 거라고 간호사가 말했다.

　나 자신을 위해 누군가를 원망하고 탓하기보다는 현재 내 모습을 사랑하라고 했다. 순간 나도 모르게 정신이 번쩍 들었다. 나는 나 자신을 사랑한다는 것에 대해 한 번도 생각해 보지 않았다. 나를 보호하기 위해서 화가 나면 남들보다 더 큰 소리로 분노해야 한다고 생각했었다. 이런 나에게 간호사의 진심 담긴 한마디는 또 다른 나를 발견하는 데 큰 용기를 주었다.

유산을 통해 큰 아픔을 당하니 깊은 절망과 분노에 휩싸여 누군가를 탓하고 싶었고 세상을 원망하고 싶었다. 링거를 다 맞고 간호사와 마주 앉아 손을 붙잡고 앞으로 화가 나거나 분노가 올라오면 간호사님 조언을 기억하겠다고 말했다. 마취가 풀리면서 아랫배가 찢어지는 고통이 있었는데 그분의 말 한마디는 통증도 못 느낄 정도로 강렬했다. 수술 후 집으로 돌아오는 길은 여전히 가을 햇살이 하늘을 뚫고 내 얼굴을 비추었다.

유산은 내 인생의 가장 큰 상처와 동시에 나를 한 단계 더 성장하게 만드는 가장 큰 선물이기도 했다. 힘든 시기에 만난 간호사의 위로는 분노할 때는 화를 내고 따지고 언성을 높여야 한다고 알고 있던 나에게 부정적인 것보다 긍정적인 방법으로 분노하는 방법도 알게 해준 평생 잊을 수 없는 귀인이다. 앞으로 아기의 인생까지 2배로 살 것이다. 훗날 하늘나라에서 아기를 만나면 "엄마 잘했지?"라고 당당하게 말하고 싶다.

살다 보면 분노가 없을 수는 없다. 하지만 분노하는 방법도 조금씩 성숙할 것이다. 내가 품은 분노를 스스로 다스리지 못하면 반드시 그 분노는 또 다른 분노를 낳는다.

창을 뚫고 내리쬐는 그날의 태양은 평소에 느끼는 것과 분명 다른 느낌이었다.

'태양아~'

'내 분노 너 다~가져라!!'

그렇게 나는 조용히 마음속으로 분노했다.

no.40

김영란

❏ 소개

1. 토담토담 마음상담소 소장
2. 다양한 임상 사례 17년 차 미술 심리상담사
3. 긍정적으로 아이 키우기 부모교육 전문강사
4. 직장인 스트레스 관리 미술치료 힐링프로그램 강사
5. 미술치료 석사, 상담학과 박사

❏ 연락처

1. 네이버 검색: 토담토담 마음상담소
2. 이메일 : jvcran@hanmail.net

평생 배움을
꿈꾸는 어른

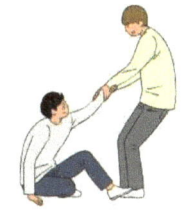

나는 지극히 평범한 가정에서 자랐다. 부모님은 두 분 다 충청도 분이신데, 어렸을 때 너무 가난해서 학업을 제대로 하지 못했다. 그래서 육 남매 중에 둘째였던 아버지, 육 남매 중에 첫째였던 어머니는 동생들의 경제적 뒷바라지까지 생각하면서 결혼 후 도시로 오셨다고 한다. 그렇게 부모님은 가난을 극복하기 위해, 생계를 위해 먹을 것, 입을 것을 최대한 절약하는 삶을 사셨다.

자식들에게는 본인들의 한(恨)인 학업을 마치지 못한 것에 대해 늘 말씀하셨다. 자식들에게 학업을 열심히 한다면 경제적 지원을 끝까지 해주겠노라고 이야기했던 기억이 많이 남는다. 그렇게 부모님께서 내게 보여주신 삶이 나에게 노력하는 원천이 되었다.

그러나 이면에는 정서적으로 늘 외로움이 있었다. 2남 1녀의 삼 남매였음에도 불구하고, 내 어린 시절 기억에는 늘 혼자였다. 부모님이 다정하게 이야기해 준 기억이나, 가족과 함께했던 추억여행, 외식의 경험은 전혀 없다. 그것이 사실은 가장 안타까운 부분이다. 물론 부모님은 그렇게 악착같이 생계를 위해 장사하시고, 일하시면서 나름의 부를 이루셨다. 소위 말해 자수성가라는 대의를 이루셨을지도 모른다.

사람에 따라 성공에 대한 기준이 다르겠지만 내가 살 집이 있고, 돈 걱정을 하지 않고 어느 정도는 하고 싶은 것을 할 수 있을 만한 정도로 생각하면 성공이지 않겠는가?

내 부모님의 삶은 그렇게 성실하게 돈을 보고 쫓는 삶이었다. 가족을 위해서 희생하셨고, 경제적인 부분을 위해 성실하게 사신 것에 대해 너무나도 감사하게 생각하는 부분이다. 덕분에 우리 남매들도 부모님의 삶을 보고 배워 모두 성실하게 일을 하는 책임감 있는 어른으로 자랐다.

하지만 그 삶을 자세히 들여다보면 경제적으로는 채워졌을지 모르겠으나, 내면에는 공허함이 늘 있었던 것 같다. 그래서 그 삶이 진짜 행복한지는 잘 모르겠다. 때로는 가족끼리 행복한 추억을 만들고 싶다는 간절한 소망을 품을 때도 있었다. 나는 타고난 내향적 기질도 있었겠지만, 행복한 가족의 경험이 없는 것이 때론 나를 더 위축되게 만들 때도 있었기 때문이다.

그렇게 마음의 공허 속에서 자라난 나는 조용하고 내성적인 아이가 되었다. 그러던 중, 내 삶에 전환점이 될 만한 사건이 일어났다. 바로 한 사람과의 만남이었다. 그는 배우고, 꿈을 꾸며 현실에 이루도록 노력하는 스승이었다. 나는 현실에서 돈을 모아야하니 현재의 원하는 바를 생각지도 않는 삶을 살았다. 그래서 때로는 내가 바라는 것이 무엇인지 잘 모르겠을 정도였다.

그런데 내가 만난 선생님은 원하는 바를 꿈으로 그리고 이루며, 자신의 역량을 더 키우기 위해 노력하는 분이셨다. 선생님의 표현을 그대로 빌리자면, 스승의 크기와 역량에 따라 제자가 배우는 역량이 결정되기 때문에 끊임없이 노력한다고 이야기하셨다.

청소년기 시절, 그 선생님과 만남은 30년이 지나서도 내게 중요한 삶의 지표가 되었다. 어른이 되어서도 끊임없이 공부하는 삶, 그리고 꿈을 꾸며 노력하는 삶으로 나를 바꾸어주었다. 선생님은 이미 많은 것을 갖춘 그 시절, 내가 보기에 완전한 어른으로 보였으나 나에게 큰 가르침을 주시고 영국으로 가서 더 공부하신다고 했다. 결국, 배움에는 끝이 없고 평생 배우는 어른의 표본을 보여주셨다.

서두에 스승님과 만남으로 나는 주어진 현실에 안주하지 않고 끊임없이 자기 계발을 하며 평생교육이라는 행복한 꿈을 꾸게 되었다. 또한, 주어진 환경을 뛰어넘는 나의 도전이 이어질 수 있는 용기도 되었다. 이를 통해 내면의 공허함을 채우고 마음의 양식을 쌓는 삶의 중요성과 방향성을 찾게 된 것이 가장 큰 변화이다. 지금 나의 일에 대한 모든 중심이 되었다고 해도 과언이 아니다. 나의 인생을 바꾼 스승과 만남이, 선순환되어 내가 누군가에게 또 그러한 스승으로 좋은 영향력을 미칠 수 있기를 바란다.

"나에게 귀인의 존재는 제한된 환경을 뛰어넘는 꿈을 꾸게 해주신 선생님이다.

내 삶의 귀인

5장. 홍익대장의 똥 이야기

41. 양수목	42. 오순덕
홍익대장의 똥 이야기	나의 정체성을 찾게 해준 사람

43. 최초이	44. 안재경
130kg 고도 비만 환자를 다이어트 전문가로 만든 귀인	동료들과 함께 만들어가는 길

45. 최민경	46. 최윤진
지금의 내가 있기까지	나는 늘 꿈을 꾸었다 부자가 되는 꿈

47. 장은주	48. 김미례
영원한 내 편 "공감 혹기사" 그 이름은 남편!	내 삶의 수호천사들

49. 이언주	50. 김종호
19년 전 그날의 만남 지금의 나를 만든 순간	내 삶의 옹달샘, "어머니"

no.41

양수목

❏ 소개

1. 자담인건강법 블로그, 유튜브 운영자
2. 디지털콘텐츠 전문가
3. 그린플루언서, ESG 인플루언서 세종그린디
4. 떠 먹여주는 블로그 강사
5. 노인통합관리사
6. 백세시대 이 콘텐츠로 갑니다. 공동저자
7. 내 삶의 산전수전 공동저자
8. 닉네임: 이루다

❏ 연락처

1. 네이버 검색: 양수목
2. https://open.kakao.com/o/sHgY6Q2f

홍익대장의 똥 이야기

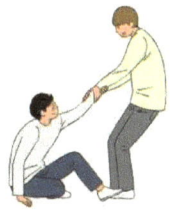

항상 배가 더부룩하고 머리가 아프다. 늘 윗배가 볼록하게 나와 숨을 제대로 쉴 수가 없다. 조이는 상의는 입을 수 없다. 체중은 점점 늘어나고 옷 사이즈가 55에서 77로 늘어나는 데 얼마 걸리지 않았다. 나이를 먹는 증거다. 갱년기 탓이다.

'당연한 거 아니야? 뭐 나이 들면 다 살이 쪄!
나이가 들면 여기저기 고장 나는 거야!'

그렇게 받아들이고 병원에서 처방받은 고지혈증약을 복용하면서 머지않아 당뇨로 가는 티켓을 예약했다. 발톱이 아프다. 온몸이 무겁고 항상 얻어맞은 듯 온몸이 쑤신다. 안마 의자가 없으면 힘들다. 가끔 저혈당으로 현기증이 난다. 온몸에 비 오듯 땀이 쏟아지고 사지가 떨리며 정신을 잃는다. 기온이 내려가면 추위를 견디지 못해 심장이 오그라들어 '심장마비로 이렇게 죽겠구나!'라는 경험을 하게 된다. 나이 들면 건강은 잃어버린다는 당연함 속에서 살았다.

이랬던 나에게 자연의 이치를 담은 완전한 자담인 건강 다이어트로 '도대체 아픔이 뭐야? 비만이 뭐야?' 외치며 약과 병원을 찾지 않게 해준 너무나 고마운 귀인이 있다.

바로 『행복한 3일 평생 건강 다이어트』 저자 조혜숙 작가님이다. 우리는 『백세시대 이 콘텐츠로 갑니다』 종이책 공동 저자로서 아침마다 줌을 통해 글 쓰는 모임에서 처음 만났다.

"똥 가스를 빼면 건강은 해결돼요" 여쁜 얼굴에 경상도 사투리가 섞인 카랑카랑한 목소리로 거침없이 똥 이야기를 풀어냈다. 아침부터 똥 이야기를 듣는 것이 거북했지만 나에게는 심각하게 받아들여졌다. 나는 어렸을 때부터 변을 주 2~3회 배출하며 살았다. 이것이 정상인 줄 알았다. 지금도 자담인 시원장을 먹지 않으면 습관처럼 2~3일 만에 변을 보게 된다. 장의 활동에 의한 움직임이 아니고 변이 꽉 차서 변을 밀어내는 자율신경실조증 만성변비 환자였다는 것을 조혜숙 작가님의 강의를 듣고 알게 되었다.

뱃속에 2~7일분의 잔변과 3~14kg의 숙변을 갖고 있으며 또 배출하지 못한 변에서 부패한 가스가 장 누수를 일으키고 있다는 것이다. 똥 가스가 원인이다.

복압!! 나의 모든 질병의 문제는 복부 압력이었다. 복부의 압력으로 나의 윗배는 볼록해져 달라붙는 옷은 답답해서 입지 못했다. 조금이라도 스트레스를 받으면 역류성 식도염으로 고생했다. 또 배가 고프면 머리가 아프다. 졸면서 운전하는 아찔한 순간도 많았다.

항상 두통약을 상비약으로 가지고 다녀야 했다. 내가 아프고 약을 먹어야 했던 이유가 장누수증후군이었다. 장에서 부패한 독소가 혈관으로 유입되어 전신의 질환을 일으키게 되었다.

결국 뱃속 환경이 문제였다. 그래서 나는 3일 동안 장 청소를 시작했다. 하루 종일 화장실을 드나들며 뱃속에 가득 찬 변을 빼내었다. 뱀같이 길쭉한 똥은 변기에 동동 떠다닌다. 한 번도 경험해 보지 못한 쾌변의 느낌은 이루 말할 수 없이 신기했다. 몇 번이고 바라다본다. 똥을 제대로 배출하니 새로운 인생이 시작되었다. 복부의 압력이 서서히 사그라지면서 머리가 맑아지고 눈이 밝아졌다. 정말 신기하다. 단 3일 만의 기적이다. '자담인 3일 장청, 몸청프로그램'이 새로운 나를 탄생시켰다. 1년 6개월이 지났어도 요요 없이 47kg에 20대 몸매를 유지하고 있다.

*"비우지 않고는 절대로 건강을 찾을 수 없다.
좋은 거 못 먹어서 아픈 사람은 한 명도 없다.
몸에 좋은 것 찾지 말고 몸에 나쁜 것 먹지 마라!"*

'사고로 인한 것이 아니라면 모든 질병의 원인은 복부 냉기가 독소를 발생하게 하여 장에서부터 시작된다.'

이 건강법을 알려 주신 자담인 힐링연수원 최송철 원장님과 나의 평생 건강 귀인 홍익대장 조혜숙 작가님께 깊은 감사를 드린다. 덕분에 57세 나이에 활력이 넘치는 두 번째 스무 살을 살고 있다.

no.42

오순덕

❑ 소개

1. 한글마루 창작소 공동대표
2. 한글만다라 개발자, 대한민국 1호 강사
3. 서울시 교육청 부모 행복교실 강사
4. (사)놀이하는사람들- 놀이 활동가
5. 유아교육 23년 차
6. 한글 지킴이- 한글 신바람꾼
7. 저서: [내 삶의 좌우명] [내 삶을 바꾼 책]외 전자책 출판

❑ 연락처

1. 블로그: https://m.blog.naver.com/osd020508
2. 인스타그램: happy_tree.hello
3. 유튜브: 한글만다라

나의 정체성을
찾게 해준 사람

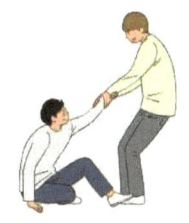

　나는 결혼 후 4명의 아이를 낳고 키우며 평범한 일상을 살아왔다. 특별한 꿈이나 계획 없이 주어진 삶을 받아들이며, 정신없이 하루하루를 보내는 것이 내 삶의 전부였다. 어릴 적부터 부자가 되고 싶다는 욕망도 없었고, 이루고자 하는 특별한 꿈도 없었다. 잘하는 것도 없었고, 어떤 일을 끝까지 해내고자 하는 의지도 없었다. 그런 나에게는 특별한 능력이 없다는 생각이 자리 잡고 있었고, 그로 인해 자존감도 낮았다.

　그러던 중, 한 사람을 만나면서 내 삶에 변화가 찾아왔다. 그분을 처음 만난 것은 넷째 아이가 초등학교에 들어갈 무렵이었다. 나는 아이의 엄마로서, 아내로서, 그리고 교회 학교 부장으로서 여러 가지 역할을 감당하며 너무도 힘들고 지쳐있었다. 그때 나는 단지 하루하루를 무사히 견뎌내기만을 바라는 삶을 살고 있었다.

　그분은 큰 아이 친구 엄마였고, 취미로 타로를 배워서 친한 엄마들에게 재미로 타로를 봐주곤 했다. 어느 날, 그분은 나에게 '능력자'라는 말을 해주었다. 처음 이 말을 들었을 때,

나는 전혀 받아들여지지 않았다. 특별한 재능이나 기술이 없던 나로서는 그저 헛웃음만 나왔다. 하지만 그분은 남들이 하지 못하는 일을 하면 그것이 바로 나만의 능력이라고 말했다. 꼭 뭔가를 잘해야 하고, 대단한 성과를 이루어야만 하는 것은 아니라고 격려해 주었다.

자녀 4명을 낳고 키우는 것만으로도 이미 능력자라고 말해주며, 앞으로 타인과 비교하지 말고 본인이 남과 다르게 할 수 있는 일을 해내면 된다고 했다. 누군가가 무슨 일을 부탁하더라도 자신의 기준에서 그 일의 결과를 생각하지 말고, 그냥 최선을 다해 수행하라고 조언했다. 그 부탁을 하는 사람은 다른 많은 사람 중에서 내가 그 일을 할 수 있을 것 같기에 요청하는 것이니까.

결국, 나는 그저 할 수 있는 만큼 최선을 다하면 되는 것이라는 깨달음을 얻었다. 평범한 일상에서 나 자신을 잊고 살았던 나는 이분과의 상담을 통해 나의 정체성을 찾게 되었고, 나의 장점과 단점을 인식하게 되었다. 가족과 타인을 어떻게 대해야 하는지를 알게 되었고, 나의 능력과 가치에 대해 다시 생각하게 되었다.

이후, 나는 매사에 열정을 가지고 임하게 되었고, 아이들을 키우는 일과 집안일도 단순한 의무가 아닌 성장의 기회로 여겼다. 교회 학교 아이들과의 시간 속에서 그들의 성장과 변화에 기여하는 나를 발견했고, 이를 통해 나도 함께 성장하고 있다는 것을 느꼈다. 또한, 가정에서의 작은 목표를 세우고 이를 이루기 위해 노력하는 과정에서 큰 만족을 느끼게 되었다. 이러한 변화는 개인적인 성장을 넘어 가족 전체의 분위기에도 긍정적인 영향을 미쳤다. 내가 자신감을 갖고 행동하자, 아이들도 나를 통해 긍정적인 에너지를 받아들이게 되었다. 그 결과 가족 간의 소통이 원활해지고 서로를 이해하는 데 도움이 되었다. 나의 변화는 단지 나 혼자만의 것이 아니라 가족 모두에게 영향을 끼쳤다.

이처럼 나를 특별하게 바라봐주는 귀인의 존재는 내 삶의 큰 전환점을 가져왔다. 자존감이 높아지면서 나는 매사에 열정을 느끼고 아이들과의 소중한 시간을 더욱 의미 있게 만들어 갔다. 결혼 후 4명의 자녀를 키우며 살아가는 것은 결코 쉬운 일이 아니었지만, 나 자신을 인정하고 긍정적으로 바라보는 것이 얼마나 중요한지를 깨달았다.

앞으로도 나는 이 변화된 마음가짐을 바탕으로 일상에서 작은 목표를 세우고 더 나은 나로 성장하기 위해 노력할 것이다. 한 사람의 격려와 지지로 삶을 대하는 태도가 달라지고, 나 자신을 소중하게 여기며 자존감을 회복하게 되니, 삶을 주체적으로 살아갈 수 있게 되었다. 내가 나로서 당당하고 멋지게 살아갈 수 있도록 안내해 준 귀인에게 다시 한번 고마운 마음을 전하며, 앞으로 나도 다른 이들에게 용기와 희망을 주는 귀인이 되어야겠다고 다짐한다.

no.43

최초이

❑ 소개

1. 자연을 담은 사람 자담인 회복점 가맹대표
2. 건강 상담 전문가
3. 행사 Master of Ceremonies
4. 독서지도사
5. 상담매니저 교육강사
6. 신비의 홍채분석 전문가

❑ 연락처

1. 블로그: http://blog.naver.com/perfectchoi
2. 개인 홈페이지: http://jd100420.jadamin.kr

130kg 고도 비만 환자를
다이어트 전문가로 만든 귀인

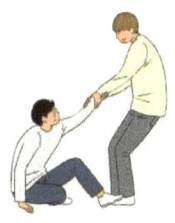

　나는 태어날 때부터 남다른 아이였다. 보통 신생아 체중의 1.5배라는 4.2kg 우량아로 태어났다. 그렇게 태어난 초우량아는 무럭무럭 소아비만으로 자라게 되었고, 어릴 적부터 꾸준히 '뚱뚱이', '똥돼지' 등 살과 관련된 치욕스러운 별명이 따라다녔다. 어린 마음에 살로 인한 차별과 놀림은 꽤나 큰 상처였고, 자연스레 나의 최대 관심사는 '다이어트'였다.

　비만 클리닉과 에스오테틱에 한 달 아르바이트한 돈을 모두 쏟아붓기도 했고, 주변에서 권유하는 디톡스 프로그램도 여러 번 참가했다. 또한 양, 한방을 가리지 않고 식욕억제제도 복용했고 지방 분해 주사도 맞아봤다.

　물론 아예 효과가 없진 않았다. 88size였던 내가 66size가 돼본 적도 있었다. 하지만 그런 다이어트로 만든 66size는 정말 잠시 스치듯 지나갔고 잘못된 다이어트의 후폭풍으로 99size까지 늘어나는 참사를 맞이하기도 했다. 그로 인해 잃게 되는 건 외모뿐일 줄 알았는데, 난 더 중요한 것을 잃게 된다.

　20대 후반이라는 젊은 나이에 '자가면역 질환' 판정을 받게 된 것이다. 비정상적으로 각질이 증식하는 건선, 한포진, 아토

피까지... 나는 환자의 삶을 시작하게 되었다.

  그 결과 악화되는 건 신체만이 아니었다. 가장 활발히 커리어를 쌓아야 할 20대 후반에서 30대 초반의 나이에 나만 도태되었다는 생각에 점점 우울감이 커져만 갔다.

  그러던 어느 날, 엄마가 '자담인 힐링캠프'에 가자고 권유했다. 유명한 의사도 치료 못 한 그야말로 고질병이 무슨 캠프 따위에 간다고 나아질 리 있겠는가 싶었지만, 한번 가보기라도 하자는 엄마의 끈질긴 설득에 대전 동학사에 있는 힐링캠프에 참여하게 되었다.

  벌써 10여 년이 지났지만, 그날이 생생하게 기억난다. 힐링캠프 앞에 검은색 뉴그랜저를 멋지게 주차하고 내리던 여자. 왠지 부러운 마음에 한동안 시선이 머물렀다. 무언가 자신에 찬 눈빛과 여유 있는 미소. 삶에 있어 자포자기한 상태였던 나와 대조되는 분위기가 부러웠던 것 같다. 어떤 일을 하는 사람일까? 궁금했는데, 그분이 바로 힐링캠프에서 건강 운동 시간 강의를 하는 조혜숙 본부장님이었다.

  본부장님의 활력 넘치는 강의를 듣는 동안, 나는 나의 어린 시절이 떠올랐다. 학급회장을 맡으며 여러 사람 앞에서 학급회의도 주관했던 그 시절 말이다. 실로 오랜만에 긍정적인 기억이 소환됐고, '혹시 나도 저렇게 강단에 서서 강의할 수 있지 않을까?'라는 꿈을 꾸게 되었다.

  그리고 그 꿈은 그분 덕에 조금씩 현실화되기 시작했다. 그 첫 스텝은 '감사일지'였다. 어찌 보면 단순한 작업이지만, 감사일지를 쓰며 나는 단점이라 생각했던 일이 장점이 될 수 있고, 악재라 생각했던 일이 더없는 호재가 될 수 있음을 배웠다.

"뚱뚱했기에 수많은 다이어트 경험을 쌓을 수 있었고 아픈 환자였기에 건강법을 공부할 수 있었고 가난했기에 사치하지 않을 수 있었다."

그 성공의 길로 가기 위해 제시된 두 번째 스텝은 독서였다. 독서와 기록하는 습관을 통해 나는 내 인생의 그림을 내가 스스로 그릴 수 있는 힘을 키웠다.

그런 시간 속에서 130kg 넘던 거구의 나는 55kg을 감량하게 되었고, 나처럼 잘못된 다이어트로 인해 고통받는 이들에게 건강하고 날씬한 삶을 컨설팅 해주는 전문가가 되었다. 그리고, 10여 년 전 그날의 꿈이 현실이 되어 강단에 서서 강의도 하고 있다.

그날 뉴그랜저에서 내리던 귀인이 없었다면, 이 성공 신화의 첫발조차 내딛기 힘들었을 것이다.

귀인(歸人)...

귀인에 관해 여러 정의가 있지만, 내게 도움을 주는 귀한 조력자라는 뜻이 일반적일 것이다. 가장 참된 조력자는 나의 잠재력을 발견하고, 인정하고, 내가 귀한 존재라고 여길 수 있게 만들어주는 사람이 아닐까? 내가 귀한 존재임을 알게 해준 귀인 조혜숙 본부장님께 감사의 마음을 전하며, 나도 누군가의 삶에 귀인이 될 수 있기를 소망해 본다.

no.44

안재경

❏ 소개
1. 유닛스튜디오 대표
2. 마벨꾸띠끄 대표
3. 프롬마벨 사내이사
4. Assorti 정립자
5. VCA

❏ 연락처
1. 인스타: think_star_
2. 사이트: unit-st.com
   mabellegguttique.shop

동료들과 함께
만들어가는 길

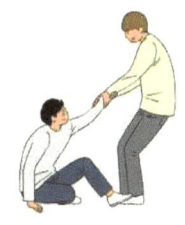

　사람은 혼자서 모든 것을 이룰 수 없다. 나 또한 그렇다. 지금 내가 이 자리까지 올 수 있었던 것은 내 곁에서 함께해 준 동료들 덕분이다. 그들은 단순히 같은 공간에서 일하는 사람들이 아니라, 나의 성장을 이끌고, 내가 품은 비전을 현실로 만드는 데 있어 없어서는 안 될 존재들이다.

　특히 배우자 이언주는 내 삶에서 가장 중요한 동료다. 내 개인적인 삶에서뿐만 아니라, 회사의 성장과 비전을 함께 그리는 든든한 협력자다. 우리는 단순히 가정을 이루는 부부를 넘어, 한 팀으로서 서로를 믿고 의지하며 나아가고 있다. 회사의 방향을 설정하는 일부터 고객의 만족을 최우선으로 하는 노력까지, 그녀와 함께한 순간들은 내가 진정으로 동료를 귀인으로 여기는 이유를 깨닫게 했다.

　나는 리더로서, 회사의 성장을 위해 전략을 세우고 비전을 제시한다. 하지만 이는 결코 혼자서는 불가능한 일이다. 짐 콜린스의 『좋은 기업을 넘어 위대한 기업으로』에서 말하듯, 조직의 성장은 적합한 사람들과 함께할 때 이루어진다. 나에게 있어 동료들은 단순한 구성원이 아니다. 그들은 나의 비전을 공유하고, 같은 꿈을 향해 나아가는 동반자들이다.

동료들과 함께하면서 가장 중요하게 여긴 것은 신뢰와 협력이다. 빌 비숍의 『관계우선의 법칙』은 성공적인 비즈니스는 관계에서 시작된다고 강조한다. 나 또한 동료들과의 관계를 가장 중요한 자산으로 여긴다. 우리는 서로의 아이디어를 존중하고, 각자의 강점을 활용하며, 최고의 결과를 만들어내기 위해 끊임없이 대화하고 협력한다.

이 과정에서 나는 배우자 이언주와 더 많은 것을 배웠다. 그녀는 동료들을 존중하고 그들의 성장을 돕는 데 누구보다 진심이다. 고객의 요구를 세심히 살피고, 동료들이 가진 잠재력을 최대한 끌어내는 그녀의 모습은 나에게 깊은 영감을 준다. 리더는 팀원들이 자신의 능력을 마음껏 발휘할 수 있도록 환경을 만들어주는 존재여야 한다는 사이먼 사이넥의 『리더는 마지막에 먹는다』의 메시지가 그녀의 행동 속에 녹아 있다.

유교 철학에서 말하는 『중용』의 원리도 동료들과의 관계에서 중요한 역할을 한다. 과하지도, 부족하지도 않은 균형 잡힌 상태. 나는 항상 이 균형을 유지하려 노력한다. 회사의 목표를 추구하면서도 동료 개개인의 삶과 성장을 배려하는 것, 서로를 존중하며 협력하는 것이 내가 생각하는 리더십의 본질이다.

동료들은 단순히 나와 같은 공간에서 일하는 사람들이 아니다. 그들은 나의 비전을 현실로 만들어주는 동반자이며, 내 삶에 귀한 가치를 더해주는 사람들이다. 특히 배우자 이언주는 내 삶의 가장 소중한 동료로서, 우리의 꿈을 함께 이루어가고 있다. 나는 이들과 함께 더 나은 미래를 향해 나아갈 수 있음에 감사한다.

내 삶의 귀인들과 함께한 이 여정은 단순히 성과와 성공을 넘어, 삶의 의미와 가치를 재발견하게 해 주었다. 앞으로도 나는 이들과 함께 성장하며, 더 많은 꿈을 이루어갈 것이다.

언젠가 지금의 동료들이 나와 함께했던 순간을 떠올리며 이렇게 말하길 바란다. "정말 힘들었지만, 그만큼 치열했고 그래서 재밌었다." 축구의 감동은 같은 목표를 위해 모든 것을 쏟아붓는 선수들의 노력과 정신에서 온다고 생각한다. 우리도 그렇게 함께 같은 목표를 향해 노선하며, 때로는 넘어지고, 때로는 웃으며 달려가고 있다. 지금 이 모든 순간이 서로의 삶에 좋은 기억으로 남기를 진심으로 바란다.

no.45

최민경

❏ 소개
1. 라이프 퍼포즈 디렉터 | Life Purpose Director
2. 삶의 전환기에 있는 분들이 자신의 진정한 목적을 찾고, 숨겨진 강점을 발견하여 의미 있는 인생 스토리를 만들어 가도록 돕는다.
3. 하트나비라이프(Heart Navi Life) 창업
4. 성결대학원 아로마웰니스산업 석박사통합과정
5. 한국열린사이버대학교 뷰티건강디자인학과 편입 졸업
6. 한국외국어대학교 중국학대학 중국어전공 졸업

❏ 연락처
1. 블로그: blog.naver.com/minakey
2. 서울시 강남구 테헤란로 322 한신인터밸리24빌딩 1층

지금의 내가 있기까지

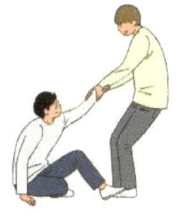

☑ 첫 번째 귀인: 내 마음의 안식처가 되어 주신 엄마

내 인생에서 귀인을 소개한다면 단연코 엄마를 첫 번째로 꼽고 싶다. 엄마는 43세 나이에 늦둥이 막내로 나를 낳아주셨다. 자애롭고 마음 넓으신 아버지. 경찰로 봉사하시다 사업도 하시고 여러 가지 아이디어 제품도 개발하신 분이 우리 아빠다. 하지만 나는 아빠에 대한 기억이 별로 없다. 내가 9살 때 아버지가 하늘나라로 가셨기 때문이다. 우리 엄마는 그렇게 젊은 나이에 혼자 되시고 딸 여덟을 혼자 키우셨다. 지금 생각해도 어떻게 우리를 다 낳고 키우셨는지 정말 대단하고 놀라운 일이다.

우리 엄마는 항상 자상한 미소를 띤 따뜻한 분이셨고, 위기가 왔을 때는 어디서 그런 힘이 나오는지 더 강해지는 외유내강의 현명한 분이셨다. 어머니는 알뜰하게 살림을 꾸리시면서 딸 여덟을 다 키워내 시집도 잘 보냈고, 손주 손녀들과 다복한 대가정의 큰 대들보가 되셨다. 이런 엄마가 96세를 일기로 아버지 곁으로 가신 지 벌써 2년이 되어가지만 내 마음속에는 항상 엄마가 계신다. 어머니가 주셨던 변함없이 깊은 사랑과 믿음이 내 삶의 근간이 되었다. 나는 힘든 일이 있을 때나 좋은 일이 있을 때, 엄마의 자애로운 미소를 떠올리며 '엄마 나

오늘 이런 일이 있었어요'라고 하면서 응석을 부려본다. 하늘에서 위로해 주시거나, 같이 기뻐해 주시는 것만 같아서 엄마 생각을 하면서 울고 나면 다시 한 걸음 나아갈 수 있는 힘을 얻곤 한다. 8공주를 낳고 키워낸 이경순 어머니의 헌신적인 사랑은 지금도 이렇게 내 마음속에 안식처로 자리하고 있다.

☑ 두 번째 귀인: 일곱 빛깔 무지개 같은 나의 일곱 언니들

엄마 아빠가 내게 준 특별한 선물은 일곱 명의 언니다. 각자 다 다른 빛깔과 강점을 가지고 있는 언니들은 나를 든든히 지켜준 내 삶의 두 번째 귀인이다.

혜옥: 큰언니는 나랑 거의 24살 차이가 나지만 개방적인 사고로 젊은 스타일로 살아가는 '영시니어'이다. 부지런하게 건강도 잘 챙기는 큰언니는 이제 우리 집의 제일 큰 어른이다.

혜복: 둘째 언니는 신앙심이 매우 깊고, 정이 많아 따뜻하면서 애교도 많다. 둘째 언니는 내가 선택한 길을 늘 믿고 지지해 주었다. 이 한결같은 지지는 내가 힘들 때마다 정말 큰 힘이 되어 주었다.

혜순: 셋째 언니는 만사에 감사하는 따뜻한 마음으로 주변까지 훈훈하게 만들고 잘 베풀며, 누가 보든 안 보든 항상 정도를 지키고 바른 본이 되려고 한다.

혜명: 넷째 언니는 항상 자신감이 넘치는 여장부다. 살림도 만능이고 음식 솜씨도 프로여서 모일 때마다 정성껏 맛있게 준비해 주는 요리로 가족의 마음을 항상 하나로 모아주었다.

혜경: 다섯째 언니는 차분하고 섬세하며, 젊었을 때는 클래식 기타도 잘 치던 멋진 스타일리스트이자 우아한 여성이다.

찬희: 여섯째 언니는 환한 미소와 활달한 에너지로 주변을 즐겁게 하고 새로운 걸 잘 배우며 어르신들 강의도 진행한다.

형임: 일곱째 언니는 깊은 사랑과 배려심을 가지고 가족의 중심에서 가족들을 한 명씩 다 챙기며 가족 대소사를 항상 미리 계획하고 준비한다. 그리고 엄마와 같이 살면서 정말 극진히 제일 잘 모신 우리 가족의 큰 공로자이다.

언니들은 내 인생에서 굽이굽이 힘든 시기에 항상 곁을 지켜주며 현명한 조언을 해주고 힘이 되었다. 특히 형임 언니는 집도 나서서 마련해주는 등 너무나 큰 도움을 많이 받고 있어서 나는 '천사 언니'라고 생각하고 있다. 수호천사 말이다.

이렇게 일곱 빛깔 무지개처럼 빛나는 언니들이 사랑으로 함께 하고 있어서 내 삶이 외롭지 않고, 더욱 풍요로워질 수 있었다. 언니들은 내 삶의 소중한 귀인이자 영원한 동반자다.

☑ 세 번째 귀인: 내 인생의 새로운 시작을 열어준 멘토

2024년 7월은 내 인생에 하나의 큰 전환점이 된 시기이다. 바로 1인기업 CEO들의 멘토이신 김형환 교수님을 직접 만난 것이다. 나는 그동안 여러 가지 일들을 멀티로 해내면서도 내 목소리를 제대로 찾지 못해 답답했다. 그리고 현실적인 문제에 급급하게 매달리며 꿈이 멀어져가는 것만 같았다. 교수님은 이런 내게 큰 인사이트를 주셨고, 나의 가능성과 능력을 발견하도록 격려와 힘을 주셨다. 이때부터 나만의 하트나비라이프로 향한 여정이 꿈틀대기 시작했다. 나의 인생 2막을 새로운 에너지로 시작하게 해 주신 김형환 교수님께 깊이 감사드린다.

no.46

최윤진

❏ 소개

1. 뷰티&헬스케어 사업가
2. 글로벌 플랫폼 사업가
3. 인셀덤 SGM CEO

❏ 연락처

인스타 검색: 최윤진

나는 늘 꿈을 꾸었다
부자가 되는 꿈

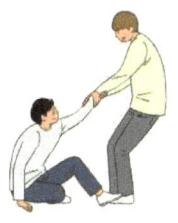

20살이 되면 돈을 벌어 하이힐을 신고 오피스텔에 독립해 살고 빨간 차를 끌고 다닐 줄 알았다. 멋진 모습의 드라마 속 주인공들을 보며 대중 매체의 영향을 잘 못 받은 듯하다.

나도 그렇게 성인이 되면 멋진 삶을 살겠지?? 부자가 되고 싶었다. 다만 나는 내 집이나 옷보다 베풀고 나누고 살 거야!!!! 선한 마음은 지금도 내 복이라고 생각한다.

이런 선한 마음으로 취직이나 장사, 혹은 사업을 하면 나는 바로 대박이 날 줄 알았다. 그러나 현실은 실패와 성공을 반복했다. 지금 생각하면 너무나 귀여운 최윤진이다.

물론 지금도 나는 매일 성장 중이다. 지금, 이 순간도 나는 발전하고 있다. 나는 내 삶에서 그분을 만난 후 내 생각, 행동, 꿈, 삶이 변화되었다

그분은 한 기업의 대표님이었다. 강의가 있다고 했지만 다

똑같은 그저 그런 강의일 것이라는 생각에 시간이 없다는 핑계로 미루고 미루다 들어보게 되었다. 그분의 메시지는 충격적이었다.

늘 기본 중의 기본으로 생각했던 '모든 일은 열심히 해야 한다.', '성실하고 노력하고 최선을 다해야 한다'라는 내 생각에 뒤통수를 빡!!

그분은 말씀하셨다. "열심히 살지 마세요. 열심, 노력, 최선을 다하지 마세요. 멘토를 찾으세요. 팔자는 만남이 주는 선물입니다. 환경을 바꾸세요."

하나부터 열까지 모르는 내용은 없었음에도 불구하고, 수많은 책에서 본 말들 수많은 강의에서 들었던 말들이었지만 자신의 경험에서 직접 느끼고 깨달은 것을 사람들에게 진심으로 전달하고 있었다.

이제 모든 퍼즐이 맞춰졌다. 나의 부족한 점이 온전히 느껴졌다. 나의 교만과 오만이 그동안의 시간 낭비를 만들었다. 아는 것과 깨닫는 것의 차이를 뼈저리게 느꼈다.

나는 무한한 성장을 할 수 있는 사람이었고 한계는 내가 정했던 것이다. '내가 나를 믿지 못했구나, 그리고 그 한계를 타인에게도 적용시켰구나...'라는 것을 알게 되었다. 이렇게 반성하고 나니 새로운 의욕과 열정이 생겨났다.

지금 내 꿈은 내가 제일 많이 응원한다. 나눔과 사랑을 실천하는 기업의 사업가가 되어 많은 분과 함께 한다. 사람들의 건강과 웃음 그리고 행복과 꿈을 찾도록 도와주고 있다. 그것이 가끔 있는 일이 아니라 일상이 되기를 지지하고 응원하는 사람이 되었다.

내 삶의 귀인이 되어주신 내비게이션 그분께 진심으로 깊은 감사를 드리고 귀인을 만나게 해주신 하나님께 영광을 올린다.

no.47

장은주

❑ 소개
1. 라이프코딩 (멘탈코칭/생애설계컨설팅) 대표
2. 숭실대 경영학 석사 (혁신코칭컨설팅학과)
3. 잡뉴스솔로몬서치 헤드헌팅사업부 이사
4. (나를 알고 상대방을 아는) 에니어그램코칭 강사
5. CLP_한국생애설계사 (17회 수석합격)
6. 사단법인 중소벤처기업 코칭컨설팅협회(ICCS) 전문코치 및 강사

❑ 연락처
1. HP: 010-6256-8424
2. mail: heaven9one@gmail.com
3. 블로그: https://blog.naver.com/lifecoding8

영원한 내 편 "공감 흑기사"
그 이름은 남편!

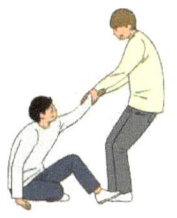

내 평생의 키워드는 '사랑'이다. 그만큼 사랑을 갈망했다. 부모님은 가족을 위해 평생 헌신하며 살아온 분들이셨지만, 아버지는 엄하셨고, 엄마는 말씀이 거의 없는 과묵한 분이셨다. 초등학교 4학년 때, 아버지가 병환으로 돌아가신 뒤에 홀로 다섯 자녀를 키워야 했던 엄마는 하루도 빠짐없이 장사를 나가셨다. 몸이 부서져라 일하신 덕분에 우리 가족은 조금 더 넓은 집으로 이사했고, 배고프지는 않게 살았던 것 같다.

그렇지만, 나는 늘 사랑이 고팠다. 형제가 많은 상태에서 바쁜 엄마와 대화하려면 내 차례를 기다려야 했다. 맞장구까지 쳐주지는 않았지만, 묵묵하게 잘 들어준 엄마에게 하고 싶은 말이 왜 그리도 많았던지... 어떤 이는 사랑한다는 표현을 직접 듣거나 선물 공세를 받으면 사랑받고 있다고 생각한다.

나는 과연 어떤 유형의 사람일까?

곰곰이 생각해 보면, 내 얘기를 진지하게 잘 들어주면서 공감하는 사람과 함께 있을 때 사랑받는다는 느낌이 들면서 행복해진다. 감사하게도 하나님께서 그런 사람을 만나게 해주셨다. 같은 부서에서 만난 사람과 사내 결혼을 했는데, 남편은 경청을 잘하는 사람이었다. 누구를 만나든지, 말하기보다는 얘기를 주의 깊게 듣고 공감해 주었기 때문에 주변 사람들도 그를 따르고 좋아했다.

친정엄마도 남편처럼 잘 들어주는 분이셨지만, 유독 남편에게 더 고마워하는 이유가 뭘까? 엄마는 내가 하는 말을 중간에 끊지 않고 다 들어주시기는 했지만, 반응이 거의 없으셨다. 잘못했다고 질책하지도 않으셨지만, 인정이나 칭찬의 언어를 거의 못 듣고 자랐다. 엄마가 내 편이라는 생각보다는 그저 들어주는 누군가가 있다는 사실만으로도 좋아서 엄마를 계속 찾았던 것 같다.

그런데, 남편을 만나서 결혼하고 보니, 그는 한 단계 더 들어가는 차원 높은 경청을 할 줄 아는 사람이었다. 마치 내가 말하는 상황 속으로 그도 함께 들어가 있는 사람처럼 깊이 공감하면서 얘기를 듣는다. 타고난 성품인 것 같다.

어느덧 결혼한 지 30주년이 되었지만, 우리는 그 누구보다도 대화가 잘 통하는 사이이고 서로에게 가장 소중한 절친이다. 언제, 어디서, 어떤 주제의 대화를 나누어도 소통이 잘 된다. 사업이 망해서 경제적으로 호된 시련도 오랫동안 겪었고, 다양한 사건들도 많았지만, 우리 부부 사이는 여전히 견고하다. 어릴 때부터 그 모습을 보면서 자란 딸이 어느덧 20대 중반이 되었는데, 아빠처럼 좋은 사람 만나서 결혼하고 싶단다.

친구들 부모님을 봐도 고난 없는 삶을 살기는 어려울 것 같지만, 힘들 때도 같은 편이 되어서 서로를 격려하며 행복하게 살아가는 부모님의 모습을 보면 자신도 빨리 안정된 가정을 이루고 싶다고 한다. 본인도 우리처럼 자식들에게 그렇게 좋은 모습을 보여주면서 행복하게 살고 싶단다. 감사하다!

우리가 그렇게 살게 된 근본적인 이유가 뭘까? 어떤 상황에서도 변함없이 '내 편'이 되어주는 남편 덕분이다.

바깥에서 상처를 받고 들어오면 포근하게 안아주면서 "우리 와이프가 얼마나 멋지고 대단한 사람인데, 그 사람들이 아직 잘 모르네."라고 말해주고, 기분 좋은 일이 생겨서 재잘재잘 자랑하면 "역시 우리 마누라야! 이제야 그 사람들이 자기를 제대로 알아보기 시작했네. 앞으로 더 잘될 거야!"라면서 끊임없이 격려해 준다. 더욱 감사한 것은, 내가 그걸 고마워하고 있다는 점이 아닐까? 어느 날 고등학교 동창들과 대화하다가 남편에게 고마웠던 일에 대해서 얘기하니까, 어떤 친구 왈~ "그게 고마워? 그건 남편으로서 당연한 일 아니야?"

우리 부부 사이가 30년이 넘는 지금까지 금슬이 좋은 이유를 그때 깨달았다. 남편은 비가 오나 눈이 오나 아내를 한결같이 사랑하는 마음을 유지하고 있고, 아내인 나는 그걸 고마워하면서 남편이 내 인생의 귀인이라고 생각하며 살기 때문이라는 것을... 우리 부부가 이런 마음을 계속 유지하고 살 수만 있다면, 앞으로 남은 30년의 삶도 내 인생의 귀인은 남편이 될 것이다. 나 또한 남편의 귀인이 될 수 있기를 소망하며...!!

no.48

김미례

❏ 소개

1. I COLOR 'n BRAIN 연구소 대표
2. 폴리텍V대학교 산학협력단 강사
3. 산림청 공인 산림치유 1급 지도사,
4. 국가공인 브레인트레이너, 뇌교육지도사,
5. 한국색채심리분석연구소 마스터 강사, 자연건강 및 웰다잉 지도사
6. 중앙공무원교육원, 교통문화연수원, 익산시청 등
   관공서 및 기업체 강의 다수
   - 고객만족경영, 프리젠테이션기법, 조직 커뮤니케이션, 직업윤리
   - 뇌과학, 명상, 웰다잉, 색채심리 등 각 종 심리정서지원 프로그램

❏ 이메일

colorlight0@naver.com, duim07@hanmail.net

내 삶의 수호천사들

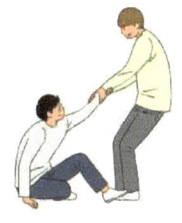

사람은 무엇으로 사는가...

모든 것은 내 내면의 반영이다. 지난 몇 년 삶의 근원에 대한 물음들을 뒤로하고 일상에 집중하며 애써 외면했던 몇몇 기억의 편린들이 지나간다. 마치 이러저러한 모양으로 창에 와 부딪치고 다시 어디론가 날아가 버리는 눈발들처럼 내 감성과 상념 여기저기를 부유한다. 따끈한 보이차를 여러 번 내려 마시며 귀한 인연들을 하나둘 떠올려 본다. 어느새 산란한 눈발은 그치고 명징한 겨울 하늘의 파란 마음빛이 되살아난다.

"그대가 있어 나는 세상을 다시 시작할 수 있다."

정호승 시인의 "그대가 있어"의 한 구절이다. 내게도 조금은 여유로워진 지금이 있기까지 삶의 모퉁이마다 우정으로 가꾸고, 온정으로 채우고, 사랑으로 인생 방향을 바꾸게 한 값진 인연들이 있었다.

맨 먼저 스치는 얼굴은 그 나이 그 시절마다의 감성과 나름 치열했던 고민들로 밤늦도록 얘기 나누었던 친구들이다. 지금까지도 제각기 삶에 충실하면서 애경사나 삶의 희로애락을 함께 하는 귀한 인생 친구들이다.

선생님들도 참 귀한 분들이다. 초등 6학년 담임선생님은 댁에서 따로 보충학습을 시켜주시며 백일장 경진대회에도 나가도록 격려해 주셨다. 중학교 선생님은 어려운 가정형편을 알아차리고 몰래 불러 정갈한 옷과 문제집을 건네주셨다. 한참 사춘기를 앓았던 고등학교 시절 담임선생님은 인간의 내밀한 감성과 복잡한 관계성을 문학의 세계에서 일별하게 해주셨다.

　졸업 후에도 각별한 애정과 보살핌을 주셨다. 선생님이 만드신 우리 반 급훈 "밝은 나, 고운 너, 아는 우리"는 내 삶의 중요한 근간이 되며 지금껏 강의 자료에도 활용하고 있다. 한 분 한 분 너무도 감사한 분들이다.

　또 나에겐 각별한 행운의 귀인이 계신다. 우리가 노상 부대끼며 사는 삶 저 너머의 '진리'가 있음을 설해주신 분이다. 그리고 그 너머가 바로 여기임을 수행의 삶으로 몸소 보여주시며 언제든 따스하게 품어주는 어머니 같은 스승이시다. 더불어 사랑으로 이어진 또 하나의 소중한 인연도 있다. 목사님과 헌신적인 목장 식구들은 인내와 온유로 나 자신을 다듬어 가며 가정이라는 공동체를 기도와 함께 세워가도록 하루하루의 삶 속에서 실질적인 본이 되어 준다.

　더불어 정호승 시인의 "우리가 어느 별에서"와 "꽃이 진다고 그대를 잊은 적 없다"가 딱 제격이라 할 만한 귀인들도 계신다. 직장에서 만나 서로를 '자연 사랑하는 사람들'이라 칭하며 서로 많은 것을 내어주는 고마운 분들이다. 실제

만남보다도 더 깊은 심연으로 연결되어 늘 말없이 응원하는 각별한 인연들이다. 또한 신앙의 나아가 삶의 고비를 만날 때마다 곁에서 물심양면 격려해 주시던 인생 멘토들과 시절마다 만난 차(茶) 선생님들과의 귀한 만남도 큰 행운이었다. 이들 한 분 한 분이 다 내 삶의 수호천사인 셈이다.

특히, 내 삶을 바꾼 귀인은 남편과 이 세상 하나뿐인 아들이다. 세상에 뜻이 없이 자신만의 세계 속에 머무르려 했던 나를 오랜 기다림으로 가정이라는 울타리 안에 자리 잡게 했다. 우리는 소소한 일상과 때론 굵직한 여정들을 통해 함께 깎이고 다듬어지며 이제 지구별 인생 여정의 도반이 되어간다. 인생사 장담할 순 없지만, 남편이 아니었으면 육아와 강사 생활, 산림치유지도사와 시니어모델 활동도 일찌감치 사회활동을 등지고자 했던 내 인생에선 결코 없었을 것 같다. 또 아토피를 심하게 앓았던 이들이 아니었으면 색채심리나 뇌과학 등 전방위적인 공부를 맹렬히 하진 않았을 듯하다. 어느덧 이 모든 것들이 한 실로 꿰어지는 결실이 되었다.

"내가 그대와 만날 수 있었던 것은, 이 세상에서 가장 큰 행운이다." "우리 만남이 다시 돌아보면 그 인연 얼마나 고귀했는지..." 이제 나희덕 시인의 '고백'이 나의 고백 되고, 김소월 시인의 '인연'에 대한 소회가 내게도 고마움으로 가슴 가득 밀려온다. 이 아름다운 결실과 감사함으로 나도 많은 이들에게 따스한 행운과 귀인이 되기를 소망해 본다.

no.49

이연주

❑ 소개
1. 마벨꾸띠끄 대표원장
2. 비주얼크리에이터협회장
3. 프롬마벨 대표
4. 미스코리아 심사위원
5. MBC아카데미 교육강사
6. LBI럭셔리 브랜드 그루밍강사
7. 제이아트 영화팀 팀장
8. MBC미술센터 (분장,미용)

❑ 연락처
1. 블로그: https://blog.naver.com/mabelle_s
2. 인스타: eon_blue__
3. 유튜브: 마벨꾸띠끄

19년 전 그날의 만남, 지금의 나를 만든 순간

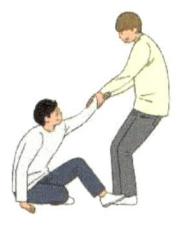

누군가를 존경하며 그 사람처럼 되고 싶다는 마음이 평생의 절반 이상을 차지했다면 믿을 수 있을까. 나는 그런 시간을 보냈다.

어린 시절, 메이크업 학원에서 처음 이영희 선생님을 만난 날을 아직도 기억한다. 선생님의 모습은 내게 충격이었다. 프로페셔널하면서도 스타일리시한 태도, 그리고 학생들을 대하는 따뜻한 배려까지. 그날 나는 '나도 언젠가는 저런 사람이 되어야지'라고 결심했다.

그날 이후로 학원에 가는 게 너무 즐거워서 하루도 빠지지 않고 다녔다. 사춘기가 왔는지도 모를 만큼 메이크업에만 빠져 지냈다. 선생님은 내게 꿈 그 자체였다. 단순히 멋지다는 느낌을 넘어서, 선생님이 보여준 실력과 학생들을 대하는 태도는 내게 롤모델로 삼기 충분했다. 선생님이 붓을 쓰는 모습, 수업할 때의 작은 제스처 하나까지도 놓치지 않으려 노력했다. 그러다 보니 실력도 자연스럽게 쌓였던 것 같다.

선생님 덕분에 좋은 기회도 많이 얻었다. 고등학생 때 중국에서 열린 공연 분장을 맡았던 기억은 지금도 잊을 수 없다. 그때 배움에는 끝이 없다는 사실을 깊이 느꼈다. 대학교 진학 때는 더 좋은 학교에 갈 성적이 있었지만, 이영희 선생님이 강의하시는 학교를 선택했다. 그리고 장학생으로 합격했다. 그 선택이 얼마나 중요한 길을 열었는지 지금 생각하면 새삼 놀랍다.

　대학교에 다니면서도 선생님께 배운 것들이 큰 도움이 되었다. 바디페인팅 대회에서 수상을 하고, 다양한 프로젝트와 광고 작업에 참여하면서 자신감을 얻었다. 그 모든 경험이 쌓이고 쌓여 지금의 내가 되었다.

　19년 전, 선생님께 "저도 선생님처럼 강의도 하고 실력 있는 아티스트가 되고 싶습니다"라고 말했던 기억이 난다. 지금 나는 강남에서 240평 규모의 회사를 운영하며, 살롱 원장이자 대학 강사로 일하고 있다. 어릴 적 꿈이 현실이 된 셈이다.

　가끔 생각한다. 만약 그때 선생님을 만나지 못했다면 지금 나는 어떤 모습일까. 어쩌면 메이크업 아티스트의 길을 걷지 않았을지도 모른다.

　선생님께 배운 것 중에서도, 기술보다 더 큰 자산은 사람을 대하는 태도와 끊임없이 배우는 자세를 가르쳐 주신 것이다.

그 덕분에 지금까지도 내가 이 일을 사랑하며 해나갈 수 있는 것 같다.

 선생님께 진심으로 감사하다는 말씀을 드리고 싶다. 지금의 내가 있을 수 있게 해주신 이영희 선생님께 정말 감사하다. 선생님 덕분에 내 삶이 많이 달라졌고, 앞으로도 그 영향은 계속될 것이다.

no.50

김종호

❏ 소개
1. 웰다잉 전문강사, 사전연명의료의향서 상담사
2. 생명존중·생명나눔 전문강사
3. 전직 군인(해병대 34년 복무)
4. 인성·상담·리더십·임무지휘 교관
5. 양성평등 전문강사
6. 전문상담사, 군상담 슈퍼바이저
7. 닉네임 : 떡보

❏ 연락처
전화: 010-8571-0063

내 삶의 옹달샘, "어머니"

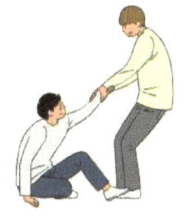

☑ **어머니의 삶과 흔적들**

　나는 할머니와 부모님이 계신 3남 2녀의 형제자매 집안에서 막내로 태어났다. 내가 초등학교에도 들어가기 전부터 남의 집 농사일에 품삯을 받고 일하셨던 아버지 곁에서, 나는 소를 몰고 아버지의 뒤를 따랐다.

　1960, 70년대 시골 사람들의 삶이란 입에 풀칠하기에 급급했던 시설이있음을 나중에 알게 되었지만 그래도 우리 집은 논과 밭, 소도 있었다. 장남인 아버지는 한글을 깨치지 못했고, 뒷집에 살았다는 외가는 앞집이 농사를 지으니 밥은 굶지 않겠다 싶어서 외조부 내외가 글을 아는 엄마를 시집보낸 것이라고 어렴풋이 들었던 기억이 난다.

　엄마는 없는 살림에 맏며느리로서 늘 농사일에 절어 있었다. 그런 엄마를 왠지 모르게 할머니와 아버지, 고모, 숙모, 삼촌 등 식구들이 험담했지만, 엄마는 초연했다. 난 약이 올랐다. 그렇게 해서 나는 늘 엄마 곁을 맴돌았고, 일하러 가면 따라나섰다. 옛날 시골의 겨울에는 별로 할 일이 없었다. 동네 남정네들은 술집을 기웃거리며 노름을 하기도 했다. 아버지는 이틀에 한 번꼴로 술에 취해 귀가했고, 엄마를 구타하기 시작했다. 우리 형제자매들은 아버지가 술 취해 오는 날에는 모두 긴장했고, 내가 막내라 아버지 앞에 나가 알랑방귀를 뀌어야 했다. 나는 어렸지만, 아버지 행동에 반감이 들었고, 그렇게 당하는 엄마의 모습이 측은하기도 했다. 아버지가 술에 취한 날은 리어카를 끌고 아버지를 태우러 갔다. 이런 일은 내가 고등학교 다닐 때까지 반복되었고, 그 사이 형과 누나들은 도시 공장으로 떠났다.

엄마는 늘 속이 더부룩하다고 했다. 소화가 잘 안되어 밥을 물에 말아 먹는 경우가 많았다. 엄마의 일과는 집과 밭에 나가 일하는 것이 전부였다. 그 와중에도 거지들이 우리 집에 오면 빈손으로 보내지 않으셨다. 밥이 없으면 간장이나 된장, 심지어 밭의 채소류도 캐어 가게 했다. 아직도 내가 기억하는 말 중에 "너희 엄마는 천사다. 너희 집에 오면 우리가 빈손으로 안 간다. 너희 할미는 우리한테 눈치 주지만 너희 엄마는 천사다. 다음에 복 받을 거다." 아이를 등에 업은 40대 중반쯤으로 기억되는 여자 거지의 말이다.

학교를 마치면 나는 곧장 집으로 달려와 집안일을 거들었다. 밭에 가면 항상 엄마가 일하고 계셨는데, 그 옆에서 도란도란 이야기를 나눈 것이 아름다운 추억으로 남는다. 특히 여름에는 모내기, 고구마 심고 순 따서 시장에 내다 팔기, 옥수수 따기, 잡초 제거하기, 소 풀베기 등 시골 일은 정말 밤낮으로 끝이 없었다.

그 삶의 흔적들이 엄마에게는 화병과 담낭암으로 자리매김

했고, 나에게는 감정 조절과 그리움, 나눔, 양성평등, 경청, 사람 냄새, 심리적 안식처, 옹달샘으로 남아 있다.

☑ 내 삶에 미치는 영향

어린 시절의 다양한 경험으로 우리 집 환경을 180도 바꿀 방법과 사람답게 사는 방법 등을 늘 생각하면서 살았다. 그래서 엄마에게 졸라서 대학을 가고 싶다고 했고, 형과 누나들이 공장 다니면서 번 돈으로 무사히 대학을 마칠 수 있었다. 졸업 후 해병대 장교로 임관하여 34년간의 군대 생활을 해왔다. 내 청춘을 군대에서 다 보냈다.

돌이켜보면 군 생활을 핑계로 암에 걸린 엄마 곁은 아내가 나를 대신했다. 엄마를 찾아 병원에 갔지만 엄마는 누구도 원망하지 않으셨다. 한 인간의 삶과 죽음에 가슴이 미어지지만 내 삶에 남긴 교훈은 많다. 식구들이 험담해도 초연할 수 있는 마음, 이웃과 거지들에게도 베푸는 나눔, 우리 집 가축들에게도 주는 사랑, 방학이면 도시에 사는 친척들에게 보내어 견문을 넓힐 기회를 주는 지혜 등 진정 내 삶의 원초적인 귀인이 아닐 수 없다.

나는 엄마와 같은 삶을 살다가 생명 나눔이 절실한 사람들에게 육신을 다 떼어주고 국립묘지에 묻힐 것이다. 하고 싶은 일을 하고 살라며 언제나 응원해 준 나의 옹달샘이던 어머니와 영체로도 만나서 못다 한 이야기를 툭 터놓고 싶다.

에필로그

우리의 인생은 읽기, 듣기, 쓰기, 말하기로 이루어져 있다. 우린 학교 교육과 사회 분위기 등으로 인풋인 읽기와 듣기는 익숙하지만 아웃풋인 쓰기와 말하기는 왠지 모르게 어색하고 불편하다. 예전의 나 또한 그런 사람이었다.

그러다 만나는 사람의 변화를 통해 생각의 전환을 경험했고 글쓰기와 책 쓰기의 효과를 경험했다. 이후 꾸준한 글쓰기와 책 쓰기로 내면과 외면의 큰 성장을 경험했고 지금은 감사하게도 누군가의 꿈을 이루어주는 행복한 인생을 살고 있다.

글쓰기와 책 쓰기에는 집중하는 시간과 많은 에너지가 필요하다. 그런 어려움을 이겨내고 마음과 용기를 내어 이번 프로젝트에 참여한 아름다운 분들을 다시 한번 소개한다.

우경하 이은미 조유나 박선희 김도경 이영찬 문정원 윤민영
최윤정 장예진 이연화 이혜원 양 선 김미옥 최현주 최민수
조현례 조성연 차경숙 박향숙 박해리 박명옥 한기수 김지영
서창균 문선화 이형은 김민주 한민정 육영애 박재민 김선화
윤준서 최민재 박소영 김경애 강다운 신선주 데보라 김영란
양수목 오순덕 최초이 안재경 최민경 최윤진 장은주 김미례
이언주 김종호. 이상 50명의 작가님에게 격려와 응원의 박수를 보낸다. 다음은 당신 차례다.

우리의 이야기가 어두운 세상에 한 줄기 빛이 되길 희망하며 우리의 인생을 바꾼 귀인 이야기를 마무리한다.

당신의 귀인은 누구인가요?